L'ALIMENTATION ÉCLAIRÉE

L'ALIMENTATION ÉCLAIRÉE

Comment passer au végétarisme dans son cheminement spirituel

Doreen Virtue, Ph.D.
et
Becky Prelitz, diététiste

Traduit de l'anglais
par Martin Kurt

AdA Inc.

Syntonisez Radio Hay House à www.hayhouseradio.com

Éditeur : François Doucet
Traduction : Martin Kurt
Révision linguistique : L. Lespinay
Correction d'épreuves : Suzanne Turcotte, Isabelle Veillette
Design de la couverture : Matthieu Fortin
Photo de la couverture : © istockphoto
Mise en page : Sylvie Valois
ISBN 978-2-89565-589-3
Première impression : 2008
Dépôt légal : 2008
Bibliothèque et Archives nationales du Québec
Bibliothèque Nationale du Canada

Éditions AdA Inc.
1385, boul. Lionel-Boulet
Varennes, Québec, Canada, J3X 1P7
Téléphone : 450-929-0296
Télécopieur : 450-929-0220
www.ada-inc.com
info@ada-inc.com

Diffusion

Canada :	Éditions AdA Inc.
France :	D.G. Diffusion Z.I. des Bogues 31750 Escalquens — France Téléphone : 05.61.00.09.99
Suisse :	Transat – 23.42.77.40
Belgique :	D.G. Diffusion – 05.61.00.09.99

Imprimé au Canada

Participation de la SODEC.
Nous reconnaissons l'aide financière du gouvernement du Canada par l'entremise du Programme d'aide au développement de l'industrie de l'édition (PADIÉ) pour nos activités d'édition.
Gouvernement du Québec - Programme de crédit d'impôt pour l'édition de livres - Gestion SODEC.

Catalogage avant publication de Bibliothèque et Archives nationales du Québec et Bibliothèque et Archives Canada

Virtue, Doreen, 1958-

L'alimentation éclairée : comment passer au végétarisme dans son cheminement spirituel
Traduction de: Eating in the light.
ISBN 978-2-89565-589-3
1. Végétarisme - Aspect religieux. 2. Végétarisme. I. Prelitz, Becky. II. Titre.

BL65.V44V5714 2008 205'.693 C2008-940396-7

Au règne animal
— Doreen Virtue

À mon conjoint et
meilleur ami, Christopher
— Becky Prelitz

Table des matières

CHAPITRE 1

Pourquoi devenir végétarien?

«Si un être humain s'exerce à la méditation et consomme toujours de la viande, il est comme celui qui se bouche les oreilles et crie à tue-tête, puis prétend qu'il n'entend rien.»

— Tiré d'un ancien texte bouddhiste du Sûtra Shurangama

De nombreuses personnes spirituellement éveillées racontent la même chose : «Je me suis senti guidé à devenir végétarien. » Lorsque nous leur demandons de clarifier leur pensée, elles disent : «Quelque chose en moi me suggère d'adopter une alimentation plus légère, basée sur les végétaux. J'ai découvert que je ne peux plus digérer les aliments que j'avais l'habitude d'aimer. C'est comme si je ne pouvais plus tolérer la viande ou les aliments transformés.» Ainsi, plusieurs d'entre nous deviennent végétariens, et les études démontrent que la consommation de viande — de viande rouge surtout — diminue tous les ans.

Quel lien existe-t-il entre le cheminement spirituel et une modification du rapport à la nourriture ? Cela n'a rien à voir avec un désir de perdre du poids, même si la plupart des gens qui adoptent une alimentation végétarienne perdent inévitablement des kilos et des centimètres autour de la taille. La plupart des personnes spirituellement éveillées semblent adopter une alimentation végétarienne ou tendent au végétarisme parce qu'une voix intérieure les a guidées dans cette direction.

Dans ce livre, nous voulons explorer le lien qui existe entre la spiritualité et le végétarisme. Nous aborderons également des méthodes très terre-à-terre et valables qui vous aideront à adopter un mode de vie végétarien. Être... ou ne pas être... végétarien, voilà un choix spirituel.

L'histoire spirituelle du végétarisme

Le végétarisme possède une longue histoire fortement liée à la spiritualité, la philosophie et la religion. Des religions orientales comme l'hindouisme et le bouddhisme adoptent le végétarisme en tant que voie pour atteindre la béatitude, obtenir une santé optimale, établir un lien supérieur avec le Créateur et honorer davantage le caractère sacré de la vie animale. Les bouddhistes et les hindouistes croient également, selon les lois du karma, que toute souffrance que nous infligeons — aux animaux ou aux humains — revient nous hanter dans le futur.

Les autres religions orientales qui épousent le végétarisme comprennent les Sikhs, qui misent sur une vie éthique et la non-violence ; les adeptes de Krishna, qui croient que le végétarisme permet de réduire la violence dans le monde ; et les Jaïns, qui sont des végétaliens stricts parce qu'ils considèrent que les animaux servant à produire le lait et la viande souffrent inutilement. La foi baha'ie n'oblige pas ses membres à devenir végétarien. Toutefois, ses textes spirituels prophétisent que « l'alimentation du futur reposera sur les fruits et les céréales. Un jour viendra où la viande ne sera plus consommée. Notre nourriture proviendra du sol. Les gens évolueront graduellement vers cette alimentation naturelle. »

Les Esséniens — une communauté juive de l'Antiquité ayant rédigé les *Manuscrits de la mer Morte* — tenaient le végétarisme pour une loi spirituelle. Ils préconisaient particulièrement la consommation de légumes et légumineuses crus. Ils croyaient que cette façon de se nourrir procurait une santé optimale et la pureté spirituelle.

Les philosophes grecs Pythagore et Sénèque appuyaient également le végétarisme comme moyen d'atteindre une conscience supérieure, tout en évitant d'augmenter la souffrance dans le monde par le massacre d'animaux. Les Trappistes, moines appartenant à l'Église catholique romaine, pratiquent le végétarisme, tout comme le font de nombreux moines et nonnes orthodoxes. Les ordres monastiques du rite catholique occidental sont végétariens parce qu'ils suivent d'anciennes règles spirituelles, dont la 39e règle de saint Benoît : « La chair des quadrupèdes est un aliment dont tous doivent généralement s'abstenir, mais il y a exception pour les malades très affaiblis. » Les Quakers pratiquent le végétarisme par compassion pour les animaux et pour soulager la faim dans le monde, citant des études qui montrent que les animaux de boucherie abusent grandement des ressources de la terre.

Certains groupes juifs végétariens interprètent les versets de la Genèse et de la Torah dans le sens d'une promotion du végétarisme. Par exemple, ils citent Genèse 1,29 : « Et Dieu dit : Voici, je vous donne toutes les herbes portant semence, qui sont sur toute la surface de la terre, et tous les arbres qui ont des fruits portant semence : ce sera votre nourriture. » Ces groupes prétendent également que la loi juive ne permet la consommation de viande que si elle répond aux « besoins essentiels » de l'homme. Puisque les aliments d'origine végétale comblent adéquatement ces besoins, il n'est pas nécessaire de consommer de la viande.

Les philosophes et les chefs spirituels ont également pratiqué et promu le végétarisme, parce qu'ils considéraient que l'abattage des animaux est une pratique inhumaine et inutile. Par exemple, le mahatma Gandhi disait : « Pour moi, la vie d'un agneau ne vaut pas moins que la vie d'un homme. Je ne voudrais pas prendre la vie d'un agneau pour le bien du corps humain. »

Henry David Thoreau, le grand écrivain et philosophe américain, écrivait : « Je suis convaincu que la destinée de la race humaine est appelée, dans son évolution graduelle, à cesser de se nourrir de chair animale. » Et Albert Einstein, le brillant physicien, a dit : « Rien ne peut être aussi bénéfique à la santé humaine et augmenter les chances de survie de la vie sur terre que d'opter pour une diète végétarienne. »

Un choix profondément personnel

Pour certains, cette voie conduira jusqu'à devenir végétalien, ce qui signifie éviter *tous* les produits animaux, y compris les produits laitiers. Pour d'autres, l'option végétarienne consistera à exclure la viande rouge. Il est important de vous sonder intérieurement pour déterminer le niveau de végétarisme qui vous convient.

Cela ne signifie pas que vous deviez devenir végétarien pour développer votre «dimension spirituelle», ni que si vous mangez de la viande vous soyez «non spirituel». Être végétarien ne vous rend pas *meilleur* que celui ou celle qui mange de la viande. Il s'agit simplement d'un choix profondément personnel, basé sur plusieurs facteurs que nous examinerons dans ce livre.

Vous verrez qu'il n'est pas toujours facile d'être végétarien dans une société qui se fonde encore largement sur la consommation de viande. Mais si vous vous sentez guidé à éliminer ou réduire la quantité de produits animaux dans votre alimentation, vous trouverez soutien et réponses dans ces pages.

Les formes de végétarisme

Il nous arrive parfois d'entendre dire : «Oh, un végétarien, c'est quelqu'un qui ne mange pas de bœuf.» Cela veut dire que certaines personnes pensent que les végétariens ne mangent pas de viande, et que la «viande» désigne seulement le bœuf. En fait, le bœuf, le porc, la dinde, le poulet et le poisson se classent tous dans la catégorie *viande*.

Il existe plusieurs types de végétariens. En lisant la liste qui suit, méditez sur chaque type de régime végétarien, pour découvrir lequel semble vous convenir. Ou, vous pouvez approcher graduellement le végétarisme, en commençant avec un type d'alimentation et en progressant lentement jusqu'au végétalisme. Devenir végétarien implique davantage que de changer ses habitudes alimentaires. Cela revient à choisir un style de vie.

Type de régime végétarien	Aliments consommés	Aliments exclus
Lacto	Céréales, légumineuses, légumes, noix, graines, produits laitiers	Bœuf, porc, volaille, poisson, œufs
Ovo	Céréales, légumineuses, légumes, noix, graines, œufs	Bœuf, porc, volaille, poisson, produits laitiers
Lacto-ovo	Céréales, légumineuses, légumes, noix, graines, produits laitiers, œufs	Bœuf, porc, volaille, poisson
Pollo	Céréales, légumineuses, légumes, noix, graines, volaille	Bœuf, porc, poisson, produits laitiers, œufs
Pesco	Céréales, légumineuses, légumes, noix, graines, poisson	Bœuf, porc, volaille, produits laitiers, œufs
Lacto-ovo-pollo-pesco	Céréales, légumineuses, légumes, noix, graines, produits laitiers, œufs, poulet, poisson	Bœuf, porc
Végétalien	Céréales, légumineuses, légumes, noix, graines	Bœuf, porc, volaille, poisson, produits laitiers, œufs, sous-produits animaux (caséine, petit-lait, miel)
Fruitarien	Fruits et jus de fruits	Tout ce qui n'est pas un fruit
Crudivore	Légumes, fruits et noix crus	Bœuf, porc, volaille, œufs, poisson, produits laitiers, légumes cuits, fruits cuits et noix cuites

Le végétarisme et la loi de l'attraction

Il existe une loi spirituelle qui traverse notre univers et qui s'applique à nous tous : « Nos pensées créent notre réalité. » Si nous formons des pensées d'amour et de succès, nous attirons, remarquons et créons des situations d'amour et de succès. Si, d'autre part, nous nous concentrons sur des choses négatives, nous ressentirons le monde comme négatif.

Adopter une attitude spirituelle rend invariablement notre disposition d'esprit plus positive. Nous commençons à percevoir les qualités des autres personnes, et la bénédiction contenue dans chaque défi. Nous commençons à nous sentir rassurés, parce que nos exercices spirituels nous aident à réaliser que nous faisons un avec Dieu, et que nous sommes entourés d'anges qui nous aiment.

Cette approche plus positive de l'existence peut apporter de grands changements dans nos vies ! Nous prenons davantage soin de nous-mêmes, évitons les situations et les gens négatifs, et de façon générale, nous élevons nos normes. Pour certains individus, cela signifie quitter son emploi et relever un défi de travailleur autonome, ou cela peut signifier passer moins de temps avec des amis ou des proches négatifs.

De nombreuses personnes en cheminement spirituel souhaitent ardemment vivre des situations plus saines. Peut-être avez-vous déjà remarqué ces changements en vous. Par exemple, vous pouvez ne plus aimer ou tolérer les films violents. Ou bien, vous pouvez ressentir le besoin de passer plus de temps dans la nature. Ces changements surviennent en vertu de la loi de l'attraction. Voici une histoire qui illustre bien ce phénomène.

LeeAnn et Debra

LeeAnn était amie avec Debra depuis l'adolescence. Après son divorce, LeeAnn s'est jointe à un groupe qui étudiait des livres spirituels et métaphysiques. Chaque semaine, après les rencontres, LeeAnn se sentait joyeuse et plus sereine. Elle a également développé des liens d'amitié avec d'autres membres du groupe.

LeeAnn a remarqué que chaque fois qu'elle se trouvait avec Debra, elle se sentait triste et déprimée. Elle en a fait la remarque à une autre amie : « Je n'avais jamais réalisé à quel point Debra est négative. Je me sens coupable, parce que j'ai essayé de l'éviter dernièrement. »

LeeAnn faisait l'expérience de la loi de l'attraction. Ce n'est pas que Debra était « mauvaise », ou LeeAnn « meilleure » que son amie. Seulement, les nouvelles activités spirituelles de cette dernière avaient débloqué les centres d'énergie de ses chakras supérieurs. Cela l'avait menée à graviter autour de gens et de situations relevant de cette région supérieure.

LeeAnn a donc décidé de corriger cette situation en invitant Debra à participer à son groupe d'études. De cette façon, son amie pourrait bénéficier de l'énergie positive des membres du groupe ainsi que des matières traitées dans les livres à l'étude.

Les stades du végétarisme

Une autre transformation interne ressentie par ceux et celles d'entre nous qui se trouvent en cheminement spirituel concerne nos fringales et notre digestion. Habituellement, nous traversons une série d'étapes dans notre parcours vers le végétarisme. Par exemple, une femme nommée Andrea a médité et suivi des cours de yoga pendant six mois avant de déclarer : « J'ai découvert que je ne peux plus digérer les aliments hautement transformés. J'adorais les beignets et les pâtisseries, mais ils me donnent maintenant des maux d'estomac. »

Pour ceux d'entre vous qui s'initient à la voie spirituelle, comme Andrea, les premiers changements dans les habitudes peuvent être de développer une intolérance au sucre et à la farine blanche. Votre corps commence à réfléchir la fréquence vibrationnelle supérieure d'une âme spirituellement éclairée. Votre corps aura peut-être des envies de « malbouffe », mais il ne sera plus capable de la digérer facilement.

La prochaine étape pourra être un changement dans vos fringales. Par exemple, nous connaissons une femme nommée Brenda qui a étudié *Un Cours en Miracles* pendant un an et demi lorsqu'elle a remarqué des changements. « J'avais des rages de chocolat tous les mois, juste avant mes règles, a raconté Brenda, mais je trouve incroyable de ne plus avoir de rage de chocolat du tout. »

Les rages d'aliments vides peuvent ressurgir lors de périodes de stress, mais en majeure partie, ceux et celles qui sont en cheminement spirituel connaissent une réduction notable de leurs rages de malbouffe. En cédant aux aliments vides, les gens remarquent souvent de fortes réactions négatives, comme des maux d'estomac, de la fatigue, des migraines ou de la tension.

Les stades suivants des changements alimentaires continuent de surgir de l'intérieur. « Je me suis senti guidé à éviter ou réduire la consommation de ces aliments », est la façon dont on décrit le plus fréquemment ces changements. À ce stade, plusieurs abandonnent, évitent ou réduisent la consommation de viande rouge. Tout comme les autres changements inspirés par la voie spirituelle, l'élimination de la viande rouge de l'alimentation survient en conformité avec la loi de l'attraction.

Cela représentera peut-être des changements suffisants pour certains qui sont en cheminement spirituel. Pour d'autres, cependant, le corps rejettera ensuite la volaille. Ils réduiront la quantité ingérée de poulet et de dinde, ou les élimineront tout simplement de leur diète. Ou bien, ils ne consommeront que les oiseaux « en liberté », qui auront été traités humainement durant leur existence.

À ce stade-ci, certains resteront semi-végétariens. D'autres éviteront complètement la viande — ou tous les produits animaux. Ils délaisseront ensuite le poisson, puis élimineront les produits laitiers. Ce choix demeure personnel et se base sur différents éléments de réflexion, que nous proposons d'examiner maintenant.

Préoccupations environnementales

Si vous êtes sur la voie spirituelle, vous avez probablement développé un lien conscient avec mère Nature. Prendre conscience de l'environnement est un élargissement naturel de l'écoute de votre voix intérieure. Vous devenez plus réfléchi au sujet des détritus, de la pollution et des déchets toxiques dans l'environnement.

Cela conduit inévitablement à des changements dans votre comportement. Cela peut vous amener, par exemple, à ramasser les déchets d'un autre ou à acheter vos produits de nettoyage dans un magasin d'aliments naturels. La sûreté des aliments (incluant la sûreté de la nourriture fournie aux animaux) et les impacts de l'élevage sont d'autres raisons qui expliquent qu'un nombre grandissant de personnes deviennent végétariennes. Est-ce que les animaux ont consommé des aliments contenant des pesticides, des antibiotiques ou des bactéries nocives ? Combien d'hormones ont été administrées aux animaux ?

« Écologiquement, le bétail aux États-Unis consomme aujourd'hui suffisamment de céréales et de fèves de soja pour nourrir plus de cinq fois la population humaine entière du pays », consigne un rapport de l'Institut Food and Development Policy. « Nous donnons à ces animaux plus de 80 % du maïs cultivé, et plus de 95 % de l'avoine. »

Lester Brown, de l'Overseas Development Council, estime que si les Américains réduisaient leur consommation de viande de seulement 10 %, cela libérerait annuellement plus de 12 millions de tonnes de céréales pour les besoins humains. Il nous rappelle que chaque jour, 40 000 enfants meurent de faim dans le monde. Bien sûr, nous ne donnerions pas nécessairement les céréales inutilisées à manger à ces enfants. Cependant, si nous réduisions notre consommation de viande et de volaille, nous augmenterions la quantité de céréales et le territoire disponible pour faire pousser des aliments pour les gens qui ont le ventre creux ou qui meurent de faim.

Puis, il y a l'utilisation de l'eau. Produire 0,5 kg (1 lb) de viande demande une moyenne de 9 500 litres (2 500 gallons) d'eau. C'est ce que consomme une famille moyenne en un mois. De nombreux indices annoncent que notre planète pourrait connaître une pénurie d'eau dans un futur proche. Vous contribuez de façon considérable à prévenir cette crise en éliminant ou en réduisant la consommation de bœuf dans votre vie.

Traitement des animaux

Deux facteurs suscitent la réprobation concernant la façon dont nous élevons et abattons les bêtes que nous mangeons. Le premier concerne l'intelligence de l'animal, et le second se rapporte à des questions géographiques.

D'abord, les gens pensent souvent que les animaux sont stupides, et qu'ils ne ressentent pas de douleur lors de l'abattage. Aussi, en occultant la réalité du lieu d'où provient la viande, les détails sanglants de l'abattage peuvent être refoulés, comme s'ils ne faisaient pas partie de notre réalité quotidienne. Toutefois, lorsqu'on prend conscience de ces questions, il devient de plus en plus désagréable de regarder un paquet de viande emballée sous cellophane, en réalisant le sort subi par les bœufs, les porcs, les poulets, les agneaux ou les dindes.

La plupart des animaux élevés pour fournir de la viande, des produits laitiers, des œufs, du cuir ou de la fourrure connaissent des existences et des morts brutales. Ces créatures sont dites « bêtes des fermes industrielles ». Elles ne sont pas élevées dans des fermes vieillottes, avec des clôtures à piquets blanches. Au lieu de cela, elles sont entassées dans des enclos minuscules et inconfortables. Souvent, elles sont incapables de se tourner ou même de se gratter, confinées dans ces petits quartiers. Les fermes industrielles engrangent des profits faramineux en produisant le plus d'animaux possible dans le minimum d'espace possible. Dans les méga-élevages de poulet, la surpopulation engendre la violence, puisque les poulets se donnent continuellement des coups de bec les uns aux autres. C'est pourquoi on leur coupe le bec (sans anesthésie), pour empêcher qu'ils ne se blessent mutuellement.

Les veaux sont confinés dans des enclos étroits, enchaînés à une auge pendant toute leur brève existence. Moins ils bougent, et plus tendre est leur viande… par conséquent, meilleur est le prix qu'on en tire. Pouvez-vous imaginer demeurer alité pendant trois mois, en pouvant seulement vous déplacer d'un côté à l'autre du lit ? C'est probablement ainsi que les veaux se sentent eux aussi.

Les homards ne sont probablement pas aussi mignons que les veaux, mais ils souffrent assurément des traitements inhumains et du sort qui leur est réservé. Les pinces emprisonnées dans des bandes de caoutchouc, les homards sont empilés dans les cuves des supermarchés. Pour réduire le travail humain requis pour le nettoyage des cuves, les homards ne sont pas nourris dans leur « quartier des condamnés à mort », en attendant d'être ébouillantés vifs.

Le bétail est élevé dans des conditions particulièrement cruelles. L'abattage de ces bêtes est encore plus inhumain, vu leur sensibilité et leur intelligence. Ainsi, lorsque les porcs sont sur le point d'être abattus, ils savent que le glaive plane sur leur tête. Les porcs ont un odorat très développé et perçoivent fort probablement le sang des animaux déjà abattus, tandis qu'ils entendent tous les couinements de douleur.

Il est bon de savoir que les experts affirment que les porcs sont plus intelligents que les chiens. Or, chacun sait que les chiens flairent le danger. Ainsi, les porcs, de même que les bœufs, les veaux, les poulets, les dindes et les agneaux perçoivent probablement la menace imminente qui annonce leur mort. Pour contrôler les poils raides de la peau du porc, la plupart des abattoirs ébouillantent les porcs vifs. Les poulets sont également ébouillantés vifs, ce qui fait partie du processus visant à les plumer.

Lorsque les bœufs sont abattus, leurs quatre pattes sont entravées, puis on leur tire une balle dans la tête. Avant qu'ils ne s'effondrent au sol, ils sont hissés dans les airs, à la suite de quoi on leur entaille le ventre. Certains diront : « Ce n'est pas grave, ils ont déjà été tirés. » Mais parfois la visée de l'employé de l'abattoir est désastreuse. Vous pouvez imaginer le reste. Le stress causé par ces méthodes d'abattage entraîne la libération d'hormones dans la circulation sanguine des animaux. L'une de ces hormones, l'adrénaline, est connue comme « hormone d'urgence ». Une décharge d'adrénaline emprunte la circulation sanguine et se loge dans les muscles afin que l'animal puisse fuir. C'est comme la frayeur que l'on ressent en regardant un film d'épouvante. Soudainement, votre cœur bat la chamade, et vos paumes deviennent moites. Cela survient également avec les animaux. Toute cette adrénaline se loge dans leurs muscles, et en retour nous mangeons ces muscles, aussi nommés « viande ».

Lorsque nous mangeons des animaux qui ont subi un sort inhumain, nous mangeons littéralement l'*énergie du désespoir*. Nous sommes ultimement composés d'énergie, et tout ce qui se rapporte à notre corps peut être décomposé en énergie. Lorsque nous mangeons une viande saturée de peur, nous absorbons l'énergie et les hormones de la peur, qui s'accumulent en retour dans notre corps. Prier, bénir la nourriture, et rendre grâce à Dieu pour notre nourriture est essentiel pour diminuer l'emprise que cette énergie du désespoir exerce sur notre corps.

Une solution de rechange consiste à acheter des viandes et produits laitiers provenant d'animaux élevés en liberté en pâturage. Offerts dans les magasins d'aliments naturels, ces viandes, fromages et œufs de grande qualité proviennent d'animaux traités de façon non violente. Les animaux élevés en liberté sont sensés vivre dans un environnement sans stress, avec une grande liberté de mouvement. On ne leur administre pas d'hormones de croissance, comme le font habituellement les fermes industrielles.

Les animaux élevés en liberté et leurs sous-produits sont généralement plus chers à produire que leurs semblables des fermes industrielles, mais vous investissez dans le traitement humain des animaux, ainsi que dans votre santé. Ce qui met en relief un autre avantage du végétarisme : vous économisez sur votre facture d'épicerie lorsque vous réduisez ou éliminez les viandes et les produits laitiers de votre alimentation.

Puisque la consommation de viande diminue chez les Américains, plusieurs éleveurs de bovins se tournent vers l'industrie du cuir pour maintenir leurs profits. Ceux et celles qui penchent vers le végétarisme, en raison de préoccupations environnementales et du droit des animaux, doivent se rappeler qu'acheter et porter des produits en cuir contribue au stress environnemental et à la souffrance animale.

Prendre soin de son corps

La santé est certainement l'une des raisons majeures motivant les gens à devenir végétariens. Les avantages directs d'une diète végétarienne sur la santé sont impressionnants. Les végétariens présentent une incidence plus faible de :

- cancers ;
- troubles cardiaques ;

- diabète;
- obésité;
- hypertension;
- calculs biliaires;
- et calculs rénaux.

De plus…

Les végétariens consomment globalement moins de gras, et moins de gras saturés que les mangeurs de viande. Une alimentation riche en matières grasses et en gras saturés est associée à un risque accru de diabète, maladie cardiaque, obésité et possiblement cancer. Les omnivores américains (ceux qui mangent de la viande et des produits végétaux) ont une diète contenant de 34 à 38 % de gras; les lacto-ovo-végétariens (ceux qui consomment des produits laitiers, mais pas de viande) ont une diète contenant de 30 à 36 % de gras; puis les végétaliens ont une diète contenant environ 30 % de gras.

Les végétariens ingèrent également moins de cholestérol. Le cholestérol alimentaire augmente les risques de maladie cardiaque et possiblement de cancer. Les omnivores américains consomment environ 400 mg de cholestérol par jour, les lacto-ovo-végétariens consomment environ 150 à 300 mg de cholestérol, et les végétaliens excluent tout aliment contenant du cholestérol.

Les végétariens consomment davantage de fibres. Les fibres alimentaires diminuent les risques de cancer et de trouble cardiaque, aident à réguler le niveau de glucose sanguin, et réduisent possiblement le risque de diabète. L'Américain typique consomme environ 12 g de fibres quotidiennement. Les végétariens consomment 50 à 100 % plus de fibres que les non-végétariens.

Les végétariens consomment plus d'antioxydants. Les antioxydants peuvent réduire les risques de cancer, de maladie cardiaque et possiblement d'arthrite et de cataractes. Les antioxydants alimentaires comprennent les vitamines C et E, les pigments caroténoïdes, ainsi que de nombreux agents chimiques contenus dans les plantes. Les diètes végétariennes sont habituellement entre 50 et 100 % plus riches en vitamines C et E que les diètes carnivores. De plus, les mets végétariens sont riches en agents phytochimiques, qui stimulent le système immunitaire, désintoxiquent, empêchent les substances cancérigènes d'adhérer aux cellules du corps et agissent comme antioxydants qui purifient le flux sanguin.

Les végétariens ont un apport adéquat en protéines, mais consomment globalement moins de protéines, et moins de protéines d'origine animale. Les omnivores ont une alimentation contenant entre 14 à 18 % de protéines, les lacto-ovo-végétariens, 12 à 14 % de protéines, et les végétaliens, seulement 10 à 12 % de protéines. L'excès de protéines, particulièrement celles d'origine animale, serait lié à un risque accru d'ostéoporose, de calculs rénaux et de troubles de la fonction rénale. Les protéines animales pourraient faire augmenter le taux de cholestérol sanguin.

Soyez à l'écoute de vos émotions

Sur le plan spirituel, vous devenez plus conscient de vos émotions et de vos pensées. La méditation, la prière, le yoga et d'autres pratiques spirituelles peuvent vous aider à tendre l'oreille. Un prolongement naturel de cette influence serait d'être à l'écoute de ses réactions corporelles face à des aliments ou boissons spécifiques. Ainsi, un bon point de départ si vous désirez adopter une alimentation saine, consiste à vous mettre au diapason des réactions de votre corps. Par exemple, consommez un aliment à la fois et mastiquez lentement. Fermez vos yeux, respirez profondément et notez vos réactions corporelles et émotives avant de goûter chaque aliment particulier.

Vous sentez-vous excité, ennuyé, fatigué, stimulé, ou dans un autre état tandis que la fourchette s'approche de votre bouche ? Comment vous sentez-vous lorsque vous mastiquez ou avalez la nourriture ? Ensuite, examinez ce que vous ressentez *après* avoir avalé la nourriture. Sentez-vous une différence après avoir avalé la nourriture, comparativement à ce que vous ressentiez avant ?

Un lien important à établir entre l'alimentation et votre cheminement spirituel consiste à consommer des aliments qui vous élèvent et vous soutiennent. Prenez le temps de faire des expériences avec différents aliments pour découvrir ceux qui vous font du bien. Parfois, les aliments que nous aimons davantage sont ceux qui nous causent le plus de problèmes. Nous pouvons souffrir d'une intolérance ou d'une allergie à ces aliments, qui déclenchent des orgies alimentaires.

Si vous êtes somnolent après un repas, c'est probablement parce que quelque chose dans votre nourriture n'est pas en accord avec vous. Certains aliments agissent comme des montagnes russes pour les gens. Le café du matin donne une secousse de caféine ; puis le verre de jus donne une ivresse de sucre. Combinez cela à un bol de céréales et de lait, tandis que vous êtes peut-être intolérant au lactose, et vous serez ainsi secoué par une triple salve. Il n'est pas surprenant que certains subissent les hauts et les bas de leur alimentation toute la journée.

Avec un peu de pratique, vous pourrez prévoir l'effet d'un aliment sur vous bien avant de le consommer. Lorsque vous allez à l'épicerie, passez la main près des cartons et des boîtes d'aliments. Fermez vos yeux et remarquez si votre main ressent du froid ou de la chaleur en passant devant les différents produits — y compris les produits frais. Demandez-vous : « Est-ce que cette nourriture me sustentera si je la mange ? » Si votre main ressent du froid en réponse à cette question, c'est que la réponse est non. Une main chaude indique un oui.

Vous pouvez demander directement à la nourriture si elle est bonne ou mauvaise pour vous. Tenez l'aliment dans vos mains, fermez les yeux et demandez mentalement à la nourriture (avant de la manger) : *Est-ce que tu m'aimes ?* Votre instinct ou votre voix intérieure vous donneront immédiatement une réponse positive ou négative, à moins que vous ne vouliez pas entendre la réponse. Car il est possible de réprimer une réponse intérieure si vous avez peur de l'entendre.

Par exemple, supposons que vous voulez manger un hamburger au fromage, riche en gras. Vous vous mettez à l'écoute et demandez : « Est-ce que cette nourriture me satisfera ? » Puis, vous vous exclamez : « Je ne peux entendre la réponse ! » Vous pourriez ne pas vouloir entendre une réponse négative... parce que vous avez décidé de manger le hamburger en dépit de ce que vous entendez.

Encore une fois, il s'agit d'un choix personnel. Cependant, il est important d'être honnête avec vous-même et de vous asseoir paisiblement pour entendre ou sentir la voix de Dieu, de l'Esprit Saint, de vos anges ou de votre Soi supérieur. Il est aussi important de suivre les conseils de cette « voix » intérieure ou « conviction intime », qui vous conduira assurément vers une vie plus saine, heureuse et spirituelle.

CHAPITRE 2

Nourriture, énergie et force vitale

« Devenir végétarien revient à emprunter la voie qui conduit au nirvana. »

— Bouddha

Prenez une longue respiration, profonde. Immédiatement, cette bouffée d'air dont vous venez de remplir vos poumons se sépare en molécules. Chaque molécule suit sa propre direction, en parfaite harmonie, avec une divine perfection. Mais qu'est-ce qui conduit nos poumons à se dilater et à se contracter, les cellules de notre peau à se reproduire et notre estomac à digérer la nourriture ? Bien sûr, il y a des raisons physiologiques qui expliquent tous ces processus, mais qu'est-ce qui *fonde* la physiologie ?

Il existe, hors de tout doute, une merveilleuse et bienfaisante force vitale qui se cache derrière tout cela. Peu importe le nom qui pour vous la désigne (Dieu, l'Univers, l'Esprit, le Créateur, Allah, Rama — ce ne sont que des tentatives pour nommer l'Un dont nous faisons tous partie). Dans ce livre, nous utilisons le nom *Dieu,* mais sentez-vous libre de lui substituer tout autre nom ou terme qui vous convient.

Cette force vitale peut être sentie comme énergie nourrissant notre renouveau physique, émotionnel et spirituel. Les physiciens modernes ont démontré que, ultimement, nous sommes constitués d'énergie. Notre corps n'est pas vraiment solide : les molécules se déplacent seulement très lentement. Nous faisons partie de cette force vitale, avec tout ce qui peuple la terre. Cela inclut également ce que nous mangeons.

Dans le film *Crocodile Dundee,* une scène montre un aborigène refusant de manger le bifteck qu'on lui présente, parce que « ça fait trop longtemps qu'il est mort ». L'aborigène savait que le bifteck ne contenait plus aucune force vitale et ne méritait pas d'entrer dans son corps.

La force vitale dans les aliments

Lorsqu'une pomme pousse dans l'arbre, se nourrissant du soleil, elle est remplie d'énergie vitale. Cette énergie est ce que nous nommons « force vitale ». Une fois la pomme cueillie, elle contient encore beaucoup de sa force vitale. Cette dernière garde la pomme ferme, juteuse et sucrée. Cependant, de nombreuses variables peuvent affecter sa force vitale.

Le temps. Plus il y a longtemps que la pomme a été cueillie, moins elle contient de force vitale. Les produits fraîchement cueillis sont les aliments qui contiennent le plus de force vitale. À mesure que la force vitale d'une denrée s'émousse, avec le temps, elle devient fanée et perd de sa saveur.

La température. De bien des façons, le corps d'une pomme n'est pas vraiment différent de notre corps. Si l'on vous faisait bouillir, que l'on vous passait au micro-ondes, et que l'on vous congelait, ou que l'on vous passait à la vapeur, votre corps ne pourrait survivre. Les denrées perdent leur force vitale pendant la cuisson ou la congélation.

La préparation. De la même façon, lorsque l'on coupe une pomme ou que l'on extrait son jus, sa force vitale ne se maintient pas longtemps. Pensez au temps qu'il faut avant qu'une tranche de pomme ne se détériore. Comparez ensuite cette durée avec le temps de conservation d'une pomme entière. Chaque fois que nous transformons la nourriture, nous réduisons sa force vitale. Lorsqu'une denrée est transformée en jus, sa force vitale demeure dans le jus pendant environ 20 minutes.

Le conditionnement. Les aliments qui sont très transformés se présentent habituellement en conserve, en carton ou congelés. Tout comme votre corps ne pourrait survivre à ces conditions artificielles, la force vitale ne peut se maintenir dans les aliments. Chaque fois que vous mangez de la nourriture en conserve ou déshydratée, cela signifie qu'elle ne contient plus aucune force vitale.

La douleur. La nourriture d'origine animale, ce qui inclut les produits laitiers, porte l'énergie induite par le traitement de l'animal pendant son existence et son abattage. Les denrées animales contiennent très peu, voire aucune, force vitale. Manger la chair ou le lait provenant d'un animal qui a souffert peut avoir un effet néfaste sur vous, réduisant votre capacité à utiliser l'énergie vitale en général.

Les pesticides. Les *insecticides* et autres *pesticides* portent l'énergie de la mort, puisque le terme signifie littéralement « détruire les insectes et les plantes nuisibles ». Tout comme ingérer l'énergie de la souffrance, manger des aliments contenant des résidus de pesticides revient à laisser l'énergie de la mort diminuer notre modulation et notre vitalité spirituelles. Pour cette raison, la nourriture provenant de l'agriculture biologique contient plus de force vitale que les aliments traités aux pesticides.

La grosseur. Les fruits et légumes frais de grosseur moyenne contiennent plus d'énergie vitale que les petits ou les gros. Les petites denrées sont trop « yin », ce qui signifie que leur force vitale est en train de se développer. Tandis que les grosses denrées sont trop « yang », parce que leur force vitale a dépassé son stade optimal.

Le yin et le yang. Les aliments qui poussent au-dessus du sol, en plein soleil, développent une force yang, qui se dilate, tandis que les aliments qui poussent dans le sol, dans la Terre Mère, contiennent une force yin, qui se contracte. Les aliments « yang », qui poussent au-dessus du sol, libèrent nos dons psychiques et notre énergie spirituelle. Les aliments « yin », qui poussent sous le sol, aident à nous enraciner, et seront utiles si vous vous sentez « déboussolé ».

Les additifs alimentaires. Les agents de conservation, le sucre raffiné, la caféine, la farine blanche, les hormones et autres additifs alimentaires possèdent très peu de force vitale. Ils ont aussi la capacité de nous empêcher de jouir de notre propre force vitale. Le résultat est que nous nous sentons abattus, parce nous sommes coupés de notre force vitale. Malheureusement, lorsque nous nous sentons fatigués, nous devenons souvent insouciants par rapport à nos habitudes alimentaires et consommons davantage de malbouffe et de friandises sucrées.

Lorsque vous consommez surtout des aliments remplis de force vitale, vous vous sentez plus vif et énergique. Cette énergie supplémentaire peut vous motiver à débuter ou intensifier un programme d'exercices, qui augmentera davantage votre niveau d'énergie.

L'expérience de Doreen

« Lorsque j'ai commencé à servir à ma famille de la nourriture contenant beaucoup de force vitale, j'ai remarqué que leur énergie s'était modifiée. Mes deux garçons sont devenus plus agréables et tendres. Ils ont été plus attentifs à leur bien-être émotionnel et physique. Maintenant qu'ils sont devenus des adultes autonomes, ils continuent de se nourrir sainement. Mon plus jeune, Grant, est végétarien ; et mon plus vieux, Chuck, adore manger des salades. Je ne les ai jamais forcés à devenir végétariens. Au lieu de cela, je les ai nourris avec des aliments remplis de force vitale. Mes garçons ont pris leur propre décision en continuant de manger de la nourriture qui leur faisait du bien. »

Prière et énergie vitale

L'énergie vitale est l'une des facettes de Dieu, contenue dans les formes physiques comme les fruits, les légumes et la chair. Nous pouvons augmenter la portée de l'énergie vitale dans nos repas par la pratique de la bénédiction, de la prière et en rendant grâce à Dieu.

Par exemple, si vous êtes végétarien et que votre famille consomme toujours de la viande, vous pouvez dire silencieusement à l'âme de l'animal que vous êtes en train de cuire : « Merci d'avoir donné ta vie pour que ma famille puisse se nourrir de ta chair. » De cette façon, vous transmutez l'énergie de la souffrance contenue dans la viande. Cette pratique s'apparente au rituel qu'ont déjà pratiqué les Amérindiens lors de la chasse. Ils demandaient silencieusement à l'animal la permission de le tuer, et bénissaient l'animal qui se sacrifiait pour nourrir la tribu. Cela s'appelait le « don ».

C'est également une bonne idée de bénir les animaux qui fournissent des produits laitiers pour votre famille, ce qui comprend le lait, le fromage et les œufs. À moins que vous n'achetiez des produits laitiers « organiques » ou provenant d'animaux élevés en liberté en pâturage, vous achetez probablement de la nourriture provenant d'animaux qui ont souffert. Rendre grâce à ces animaux peut vous aider à minimiser l'impact de l'énergie de la souffrance, afin que votre famille n'ingère pas la négativité.

Chaque fois que vous mangez au restaurant, vous pouvez sans le savoir absorber l'énergie des cuisiniers, des serveurs et de ceux qui préparent les aliments. Si l'un de ces travailleurs nourrit des pensées sombres, l'énergie vitale de votre nourriture peut s'en trouver affectée. Pour cette raison, il est préférable de tendre les mains au-dessus de votre assiette avant de manger. Visualisez une énergie sous forme de lumière blanche qui surgit de vos mains et entoure la nourriture. Dites une prière, en demandant que l'énergie de l'amour pénètre votre nourriture.

Scott McGuffey, un conseiller spirituel et l'un de nos amis, a connu de façon éclatante le pouvoir que la prière peut avoir sur la force vitale de la nourriture. Voici le récit qu'il nous a confié :

> *«Je me suis rendu dans une épicerie fine d'aliments naturels pour déjeuner. Comme je me présentais au comptoir pour passer ma commande, j'ai remarqué que la femme qui s'apprêtait à faire mon sandwich derrière le comptoir était très agitée. Elle grommelait contre le manque de personnel. Je me suis demandé si sa colère pouvait affecter ma nourriture. J'ai entendu mon ange gardien me dire que je pouvais prendre le sandwich sans crainte.*
>
> *«Le sandwich avait vraiment mauvaise mine. Même si j'avais demandé une tartinade au tofu avec des légumes biologiques sur du pain multigrains, mon sandwich semblait malade. Avant que j'aie pu en prendre une bouchée, mon ange m'a dit de le couper en deux une première fois, puis une deuxième.*
>
> *« Il m'a ensuite dit d'emballer un quart du sandwich. Pour l'autre quart, l'ange m'a dit de tenir les mains au-dessus du sandwich et de demander qu'il soit purifié et béni par la lumière blanche, puis de l'emballer. J'ai été guidé de les mettre à l'écart des morceaux non entamés. Puis, il m'a demandé de bénir la moitié restante et de la manger!*
>
> *«Lorsque je suis rentré au bureau 20 minutes plus tard, j'ai mis les deux quarts du sandwich au réfrigérateur afin*

d'avoir quelque chose à me mettre sous la dent au dîner. Environ quatre heures et demie plus tard, j'ai récupéré mes deux quartiers dans le réfrigérateur.

« Je l'es ai déballés et placés l'un près de l'autre. La différence était incroyable. Celui qui n'avait pas été "touché" semblait avoir passé une semaine entière au réfrigérateur. Il était trempé et le tofu semblait brun et vieux. Les légumes étaient mornes et flétris.

« En parfait contraste, le morceau du sandwich qui avait été béni semblait très sain et frais ! Il n'était pas trempé, et le tofu n'était pas brun. La différence était vraiment stupéfiante. Maintenant, chaque fois que je mange à l'extérieur, je pratique une petite guérison angélique sur ma nourriture, surtout quand je ne peux pas voir la personne qui l'a préparée. »

L'impact physique de la nourriture

La fatigue et un esprit brumeux peuvent provenir du manque de sommeil, d'une augmentation du stress, de la maladie, de l'inactivité, d'un apport liquidien insuffisant, d'un excès ou d'un manque de nourriture, et de la consommation de nourriture qui ne s'accorde pas avec vous. Avez-vous déjà passé de nombreuses heures sans manger, au point de devenir tremblant, d'avoir des sueurs froides, d'être irritable et d'attraper la première chose disponible ? Habituellement, ne cédez-vous pas à votre impulsion en mangeant une sucrerie ?

Votre corps sait que votre glycémie est faible et que son taux doit être augmenté. Cet état, appelé hypoglycémie, survient chaque fois que la ration alimentaire est insuffisante. Chez les personnes diagnostiquées hypoglycémiques, un taux faible de glycémie survient toutes les deux ou trois heures. Les autres peuvent passer quatre à six heures sans remarquer une baisse de leur glycémie.

Manger sainement produit un effet domino. Par exemple, vous pouvez remarquer que lorsque votre santé s'améliore, votre humeur emboîte le pas. Vous avez plus d'énergie pour faire des activités satisfaisantes, qui ouvrent les portes de votre créativité, ce qui augmente encore votre énergie.

La nourriture peut se diviser en trois éléments : glucides, protéines et lipides. Chacun de ces trois éléments fournit de l'énergie ou du combustible. Sur ces trois, les glucides et les protéines se décomposent encore en glucose (sucre présent dans le sang). Vous utilisez cette énergie pour accomplir des activités physiques comme grimper une colline au pas de course, réaliser des activités intellectuelles comme résoudre un problème, ou avoir des réactions émotives comme éclater de rire.

Notre cerveau se nourrit exclusivement de glucose. Votre capacité à lire ce livre dépend grandement du fait qu'il y a suffisamment de glucose en circulation dans votre cerveau pour alimenter votre compréhension des mots et des phrases. Cela est aussi vrai des activités physiques. Vous pouvez courir, nager, faire du vélo et des excursions à pied parce que vous avez des réserves d'énergie (une matière qu'on appelle glycogène et qui est stockée dans votre foie et vos muscles) permettant de développer du glucose. Sans lui, vous ne pourriez accomplir différentes tâches physiques et mentales.

Une des préoccupations importantes de ceux et celles qui adoptent une diète végétarienne se traduit ainsi : « Vais-je avoir suffisamment de protéines ?» Au chapitre suivant, nous verrons qu'une alimentation basée sur les végétaux fournit une ration de protéines plus qu'adéquate. Ainsi, votre diète végétarienne vous assurera d'avoir des provisions immédiates d'énergie vitale, ce qui signifie que vous vous sentirez mieux et plus vigoureux.

L'impact émotionnel de la nourriture

De nombreuses personnes adoptent des principes et des pratiques spirituelles dans leur quête de sérénité et de bonheur, et il est vrai que votre alimentation a un impact réel sur vos émotions et votre état d'esprit. Le lien entre la nourriture et l'humeur a été démontré par des centaines d'études scientifiques. Plusieurs de ces études montrent que la dépression, l'anxiété, la léthargie et une soif immodérée peuvent résulter d'une diète inadéquate ou déséquilibrée.

Les fringales sont un signe que le corps et les émotions cherchent la paix ou l'homéostasie. Les fringales peuvent indiquer une carence en certains minéraux ou vitamines dans le corps. Cependant, elles peuvent également découler d'un déséquilibre émotionnel. Partout où il y a déséquilibre, nous recevons des conseils (sous forme d'émotions viscérales, d'idées, de vision ou d'une voix intérieure) pour corriger la situation qui entraîne le déséquilibre. Par contre, si nous ignorons ces conseils, le corps nous force à retrouver l'homéostasie d'une manière différente, en provoquant par exemple des fringales pour certains aliments. Intuitivement, le corps sait que certains aliments vont modifier les substances chimiques du cerveau ou de la pression artérielle, de façon à équilibrer l'énergie ou l'humeur.

Par exemple, imaginons que vous ne soyez pas heureux au travail. Vous ressentez une pression vous obligeant à accomplir les tâches de trois employés sans recevoir aucune gratification ni un salaire suffisant. Après un certain temps, vous commencez à ressentir l'épuisement professionnel, et c'est pourquoi votre guide intérieur vous presse d'apporter des changements dans votre vie. Peut-être sentez-vous qu'il est temps de mettre votre CV à jour et de contacter une agence de placement. Malheureusement, vos craintes par rapport à votre situation financière ou face aux changements vous empêchent de suivre ces conseils.

C'est pourquoi votre corps vous envoie des signaux vous incitant à consommer certains aliments qui vous aideront à vous sentir temporairement mieux. Chaque aliment est désiré parce qu'il contient des acides aminés, des catalyseurs neurochimiques ou des catalyseurs vasoconstricteurs, qui donneront de l'énergie à votre corps ou apaiseront les substances chimiques de votre cerveau. Voici quelques-unes des fringales associées à des situations précises de la vie :

Aliment désiré	**Effet**	**Situation**
Viande rouge	Stimulant	Épuisement, habituellement professionnel
Aliment gras	Calmant	Insécurité financière
Fromage fort	Stimulant	Fatigue — travailler trop, être sous pression
Glace à la vanille	Calmant	Tension, inquiétude, dépression

Pour contrôler les fringales, assurez-vous d'abord que votre corps est physiquement rassasié. Cela peut impliquer de prendre des multivitamines quotidiennement (consultez les informations pour vérifier si elles conviennent aux diètes végétariennes, parce que certaines vitamines contiennent des sous-produits de bœuf, de poisson, d'œuf ou d'autres animaux).

Vos émotions ont également besoin d'un apport suffisant d'une substance aminée nommée « sérotonine ». Si vous manquez de sérotonine, vous pourriez vous sentir fatigué, déprimé, irritable ou avoir des fringales d'aliments riches en glucides. Il existe des manières naturelles d'augmenter le taux de sérotonine, dont les suivantes :

- Faire des activités d'aérobie (course, marche rapide, monter les escaliers, etc.) pendant au moins 20 minutes, quatre à cinq fois par semaine ;
- Prendre l'air dans la lumière du soleil ;
- Éviter ou réduire la consommation d'alcool et de caféine qui inhibe la production de sérotonine ;
- Toucher un être aimé, et être touché ;
- Avoir une alimentation équilibrée, contenant beaucoup de grains entiers et de produits frais ;
- Dormir profondément pendant au moins sept heures (pour un homme) ou huit heures (pour une femme) par nuit, sans utiliser de produits qui favorisent le sommeil (alcool, tranquillisants, etc.).

Une fois que vous aurez pris soin de votre corps, toute fringale obsessive que vous pourriez avoir sera probablement due à une source émotive. La meilleure façon de réduire les fringales consiste à régler la situation qui les provoque. Même un tout petit pas visant à résoudre un problème au travail, dans votre vie amoureuse ou dans votre style de vie, peut diminuer les fringales.

Les résolutions sont un autre moyen puissant de contrôler les fringales. Commencez votre journée en affirmant :

- *Je désire des aliments sains* ;
- *J'aime faire de l'exercice* ;
- *Mon corps est équilibré et en santé* ;
- *J'aime manger des fruits et des légumes frais* ;
- *Lorsque je mange sainement, je me sens merveilleusement bien.*

Ensuite, toute la journée, formulez en pensée des affirmations positives visant la situation qui semble déclencher vos fringales. Par exemple, si vous salivez pour un bifteck ou du bacon, afin d'augmenter votre énergie pour un travail que vous n'aimez pas, vous pouvez formuler des affirmations vous incitant à apporter des changements. Elles pourraient ressembler à ceci : « Mon travail est important et satisfaisant », ou « Je suis capable d'apporter des changements positifs dans ma vie. »

Si vos fringales semblent s'orienter vers les aliments riches en gras, vous ressentez probablement une insécurité que vous essayez de combler avec du gras. Les graisses demeurent dans l'estomac longtemps après que les autres formes d'aliments ont été digérées et évacuées. Ainsi, les fringales d'aliments gras surviennent souvent aux gens qui sentent que leur vie manque de sens, qui se sentent vides, ou qui ressentent une insécurité dans la sphère financière ou émotive.

Les affirmations utiles dans ces situations visent à assurer l'abondance, comme : « Des vagues d'abondance déferlent sur moi en ce moment. » Ou bien, elles confèrent du sens à votre vie, comme : « De nouvelles façons de rendre le monde meilleur s'offrent maintenant à moi. » Ou elles augmentent votre niveau d'assurance : « Le fait d'être moi-même me rend précieux et attirant.»

Vous pouvez demander à Dieu et à vos anges gardiens de vous aider à contrôler vos fringales. Plusieurs de mes étudiants me racontent avoir reçu une réponse à leurs prières visant à soulager leurs fringales. De plus, la « thérapeutique angélique » est un outil puissant pour éliminer, ou réduire, les fringales.

Pour effectuer un traitement angélique sur vous-même, demandez mentalement à l'archange Michel (qui chasse les résidus de la peur) et à l'archange Raphaël (l'ange guérisseur) d'entrer dans votre esprit, dans votre cœur et dans votre corps. Selon votre orientation spirituelle, vous pouvez également vouloir inviter Dieu, l'Esprit Saint, Jésus, Marie ou vos guides.

Demandez mentalement à vos assistants : « Je souhaite surmonter les craintes qui déclenchent mes fringales. Aidez-moi à chasser les effets de la peur dans mes pensées, ma mémoire cellulaire, mon cœur et mon corps. » Puis, laissez les anges faire le reste du travail, pendant que vous restez disposé à recevoir leur aide. Surveillez toute propension à retenir votre souffle pendant que les anges travaillent. Lorsque nous respirons, nous ouvrons les portes de la guérison spirituelle.

Vous pouvez invoquer ce secours angélique aussi souvent que vous le souhaitez. Il est particulièrement efficace d'invoquer cette guérison juste avant le coucher. Pendant votre sommeil, votre esprit sceptique s'endort lui aussi, vous rendant plus apte à recevoir une aide spirituelle. (Pour plus d'information sur cette question, reportez-vous au livre de Doreen, *Libérez vos kilos de souffrance.)*

Nourriture et esprit

Différents aliments ont des effets divers à l'échelle énergétique des chakras. Ils peuvent le soutenir, l'entraver ou demeurer neutres. Des aliments denses (avec une faible énergie vitale) ont tendance à fermer les chakras, tandis que les aliments légers (avec un niveau d'énergie vitale plus important) ont tendance à les ouvrir. Par exemple, les viandes qui contiennent peu de force vitale ont un effet obturateur sur les chakras. À l'inverse, une salade de fruits frais peut aider les chakras à devenir plus étendus et lumineux.

Pourquoi tant de communautés et de maîtres spirituels vantent-ils les mérites du végétarisme à leurs adeptes ? Une des étapes dans le cheminement de la découverte personnelle pourrait être nommée « étape de la purification ». Le fait de porter une attention soutenue au niveau d'énergie des aliments que vous consommez pendant cette période sera d'une aide particulièrement précieuse.

Il existe des maîtres, des yogis ou d'autres sages éclairés qui ne sont aucunement affectés par ce qu'ils mangent. Certains ont même absorbé des doses létales de médicaments sans ressentir le moindre effet. Ces individus se trouvent dans une zone vibrationnelle plus évoluée que la majorité des gens. Mais, dans leur cheminement vers cette zone, la plupart de ces mystiques ont traversé une étape de végétarisme et de purification. De la même façon, le philosophe et mathématicien grec de l'Antiquité, Pythagore, proposait une diète végétarienne aux élèves de son école ésotérique.

L'expérience de Doreen

« Lorsque j'ai commencé à consacrer ma pratique privée à la consultation spirituelle, j'ai demandé conseil à Dieu sur la façon d'augmenter ma clairvoyance. J'ai immédiatement vu en esprit des morceaux de poulet. J'ai pensé que mes guides avaient mal compris ma question, c'est pourquoi j'ai répété : "Que puis-je faire pour augmenter l'acuité de ma clairvoyance ?" Encore une fois, l'image de viande crue de poulet s'est imposée à mon esprit.

« Cela me semblait difficile à comprendre. J'ai donc demandé à mes guides de m'expliciter cette image. Immédiatement, je les ai entendus dire : "Tu entraves ta clairvoyance en mangeant du poulet, puisque tu absorbes l'énergie de la souffrance quand tu le manges." Cela m'a semblé bizarre, presque incroyable. J'ai demandé à un clairvoyant plus expérimenté de ratifier les conseils divins que j'avais reçus. Il m'a confirmé que de nombreuses personnes qui souhaitent développer leurs capacités psychiques sont guidées à éliminer la viande de leur diète.

« Depuis ce temps, j'ai adopté une alimentation végétalienne, ce qui signifie que je ne mange aucun produit animal. Ma clairvoyance a considérablement augmenté, et je me sens merveilleusement bien.

« Dans mes ateliers, j'aide les membres du public à prêter l'oreille à leurs anges. Une des questions qu'ils posent à leurs anges est la suivante : "Comment puis-je améliorer ma capacité à vous voir et vous entendre ?" Environ une fois sur deux, les anges répondent : "Vous mangez trop de fromage" (ou de lait, ou d'un autre produit laitier). Les anges expliquent que

les produits laitiers obstruent les sens psychiques. Un excès de produits laitiers déteint sur l'aura, apparaissant comme un nuage laiteux entourant la personne, avec une texture poisseuse.

« Puisque les produits animaux contiennent peu d'énergie vitale, ils ralentissent les chakras. Une augmentation des facultés psychiques et intuitives est l'un des nombreux bienfaits d'une alimentation végétarienne. »

CHAPITRE 3

Accomplir le changement

« Il est chéri des dieux celui qui n'a pas d'ennemis parmi les êtres vivants, et qui est non violent avec toutes les créatures. »

— Tiré de la *Bhagavad Gita*

La vie semble nous offrir un paysage constamment différent. De fait, le changement représente peut-être la seule constante de la vie ! Plus nous épousons et acceptons le changement, et plus douces et faciles seront nos transitions. Lorsque nous faisons un changement par amour, il dure habituellement longtemps. Cependant, lorsque la peur motive nos changements, ceux-ci sont habituellement de brève durée.

Apporter des changements à son alimentation ne fait pas exception. Si vous décidez de devenir végétarien pour des raisons attentionnées, comme d'aimer votre corps, votre esprit, vos dons spirituels, les animaux et l'environnement, vous apprécierez davantage la transition. Cependant, si vous êtes motivé par la peur — comme vouloir maigrir pour plaire à quelqu'un d'autre — vous risquez de vous battre avec des fringales et la frustration.

Une façon simple d'accomplir un changement dans sa vie est d'appliquer la « méthode en trois étapes ADA » :

- Le premier **A** est pour **Attention**
- Le **D** est pour **Décision**
- Le deuxième **A** est pour **Action**

Étape 1 : Attention. Concentrez votre attention sur une situation, ou les raisons motivant un désir de changement, signifie que vous avez pleinement conscience de ces dernières. En devenant attentif, vous pouvez ensuite prendre une…

Étape 2 : Décision. Prendre une décision *est* faire un choix, agir ou ne pas agir, à la suite de quoi vous pouvez entreprendre votre…

Étape 3 : Action. Passez à l'acte. L'action comprend un suivi. Pour que le changement puisse s'opérer, il est important d'associer l'étape 1 aussi intimement que possible à l'étape 3, en réalisant qu'une décision personnelle (étape 2) a été prise. Cela se distingue du changement *forcé*, qui conduit habituellement au ressentiment.

Parfois, les gens hésitent à l'étape 2 (décision) et deviennent confus. Le changement implique un risque. Savoir combien le changement est désiré aide dans la transition et vous garde ouvert au changement. Comme il a été dit, toutefois, les gens hésitent parfois en essayant de faire un choix. Le temps passe et, finalement, aucune décision n'est prise, ce qui constitue une décision en soi.

Le comportement humain nous entraîne habituellement à faire les choix les plus aisés lorsqu'il existe plusieurs possibilités de choix. C'est pourquoi il est plus facile de temporiser que de changer, en continuant de mener une existence sédentaire ou en continuant de manger des produits animaux riches en gras. Voici quelques façons de vous motiver si jamais vous êtes hésitant :

Peser le pour et le contre. Faites une liste des avantages et des inconvénients qui existent à devenir végétarien. Si vous inscrivez davantage d'éléments « pour » que « contre », révisez votre liste chaque fois que vous hésitez devant votre décision.

Visualiser votre futur. Imaginez comment votre corps, votre santé, votre degré d'énergie, vos relations et votre carrière seraient affectés si vous deveniez végétarien. Ensuite, imaginez le contraire. Que sera votre futur si vous maintenez votre style de vie actuel ?

Interrogez votre cœur. Plongez en vous-même et demandez à votre être intérieur : « Comment te sens-tu à l'idée de devenir végétarien ? » Ensuite, portez attention à tout changement dans vos sentiments intérieurs. Sont-ils crispés ? Plus légers et plus brillants ? Pensez-vous obtenir une réaction positive ou négative de vos entrailles ? Interrogez mentalement vos entrailles et demandez : « Pourquoi est-ce que vous réagissez comme cela ? Qu'est-ce que vous souhaitez vraiment ? » Le siège de vos émotions vous guidera et vous aidera à sonder honnêtement les besoins de votre âme, plutôt que les désirs terrestres de votre corps.

Méfiez-vous des embûches mentales du tout ou rien. Parfois, nous résistons au changement parce qu'il nous semble écrasant. Si vous rechignez au végétarisme, c'est peut-être parce que vous devriez faire la transition graduellement. Par exemple, commencez avec un repas végétarien par semaine. Ensuite, faites deux repas végétariens par semaine, et ainsi de suite. Cela donnera également la chance à votre estomac de s'adapter à une diète faible en gras. Cela vous évitera de vous trouver en «état de manque» par rapport à la viande.

Pour la plupart d'entre nous, de petits changements fonctionnent mieux qu'un virage à 180º. Un plan concret d'action, comme «éviter la viande rouge» ou «chaque mercredi, je mange un repas végétarien», est particulièrement utile lorsque nous nous engageons dans un changement. De petits plans concrets aident à apprivoiser les nouvelles routines, qui tendent vers un but. Ils nous aident à nous organiser et à nous sentir bien, en sécurité et au chaud.

Ainsi, lorsque vous adoptez tout d'abord un changement, il est normal de vous sentir désorienté et un peu mal à l'aise. Établir une routine, que vous pourrez continuer à modifier durant votre vie, vous soutiendra dans votre quête du changement. Voici quelques étapes que vous pouvez vous fixer dans votre conversion au végétarisme. Vous pouvez franchir ces étapes dans les délais qui vous semblent naturels et agréables.

Dix étapes proposées pour devenir végétarien

1. **Faites des séances de méditation, comme du yoga,** *Un Cours en Miracles,* ou asseyez-vous calmement les yeux fermés.

Concentrez-vous sur votre respiration, vos pensées et vos émotions. Soyez attentif à ce que votre corps ressent, et à tout message qu'il semble vous envoyer. Notez dans un journal tout ce qui vous a frappé.

2. **Soyez attentif à ce que vous ressentez lorsque vous mangez.** Mangez un aliment à la fois pour déterminer avec exactitude comment cet aliment particulier vous affecte. Notez dans votre journal vos sentiments et vos réactions face à chaque aliment.

3. **Remarquez ce que vous ressentez lorsque vous mangez de la viande, et comment vous vous sentez après.** Notez ces sensations dans votre journal, sans les corriger, les juger ni les censurer.

4. **Observez vos sensations lorsque vous buvez ou mangez un produit laitier.**

5. **En vous préparant à devenir végétarien, achetez ou empruntez quelques magazines et livres végétariens** pour trouver de nouvelles recettes et des idées de substituts de viande.

6. **Éliminez le bœuf et le porc de votre alimentation.**

7. **Éliminez les produits laitiers.**

8. **Éliminez le poulet et la dinde.**

9. Éliminez les œufs.

10. Éliminez le poisson.

Votre objectif consiste à réussir tout en demeurant flexible et indulgent envers vous-même. Par exemple, vous voudrez peut-être intervertir les étapes 7 et 8. N'oubliez pas que l'objectif est un processus et non une ligne d'arrivée. Lorsque vous commencerez à changer, cette transformation pourra soulever des interrogations : les vôtres et celles de votre entourage. Vos amis et votre famille adopteront ces changements ou manifesteront de la résistance et du rejet. Le fait de respecter le processus d'évolution des gens est important, surtout si vous encouragez les autres à adopter votre nouveau style de vie.

Devenir graduellement végétarien

Notre attitude se répand dans tout, y compris dans les changements que nous préconisons. Nos attitudes déterminent un point de vue à partir duquel nous voyons et appréhendons la vie. Si nous pensons qu'une chose peut être utile, alors elle le sera. Est-ce l'amour ou la peur qui fondent votre vision de la vie ? Sous l'aspect énergétique, l'amour ouvre notre être, tandis que la peur nous chasse de son centre et à la longue nous en coupe. Êtes-vous végétarien par amour pour votre corps et l'environnement, ou est-ce par peur de mourir d'une crise cardiaque causée par une alimentation riche en gras ? L'amour guérit toujours la peur et engendre plus d'amour, tandis que la peur ne génère que davantage de peur.

La raison la plus courante pour laquelle les gens se convertissent au végétarisme est dans le but d'augmenter leur sentiment de bien-être. Le bien-être se ressent comme une plus grande réserve d'énergie, des idées plus claires et un lien plus profond avec la vie animale et végétale. La perte de poids est un bénéfice marginal possible du végétarisme.

Attention, décision et action (le processus ADA du changement) peuvent prendre une tournure différente selon chacun de nous. Le changement graduel invite les autres à se joindre à nous. Lorsque nous descendons une rivière à toute vitesse, nous pouvons laisser les êtres aimés derrière nous sur la rive, sans aucun pont pour nous rejoindre. Respectez la capacité de changement des autres, surtout lorsqu'elle se manifeste d'une façon différente de celle qui vous semble juste ou appropriée. C'est pourquoi il est si important de changer pour soi-même et non pour plaire aux autres. Si les autres vous accompagnent dans votre cheminement, tant mieux ; sinon, gardez le sourire en progressant.

Faire un plan et implanter une routine vous aideront à établir une base solide. À partir de cette base, vous pourrez bâtir un pont pour atteindre votre famille et vos amis. Introduire progressivement de nouveaux aliments est une façon d'inviter vos êtres chers à emprunter votre pont, pour venir à votre rencontre.

Votre pont peut être bâti avec du matériel ancien, tout en incorporant du neuf. La préparation d'un pain de viande peut illustrer cette façon de faire. Au début, vous pouvez le faire en suivant votre recette habituelle, en utilisant de la viande et en ajoutant un peu de tofu. Avec le temps, vous pouvez remplacer une plus grande quantité de viande par du tofu. Finalement, votre pain de viande deviendra un pain de tofu.

Lorsque nous désirons améliorer notre alimentation, nous réduisons ou éliminons habituellement la malbouffe, la caféine et les sucreries de nos repas. Lorsque nous écoutons les gens parler de leur diète végétarienne, ils nous disent habituellement combien ils se sentent remplis d'énergie. Cela est compréhensible, puisque la plupart des Américains consomment deux à quatre fois la quantité de protéines animales nécessaire, ce qui peut entraîner de la fatigue. Les protéines animales contiennent des atomes d'azote. Ces derniers doivent être traités avec de l'eau afin d'être éliminés du corps sous forme d'urée.

La plupart des gens ne boivent pas suffisamment d'eau. Les besoins en eau augmentent avec la consommation de produits animaux. Si nous ne buvons pas assez d'eau, la fatigue survient en fin de compte. Lorsque nous sommes déshydratés, ne serait-ce qu'à un pour cent, nous devenons fatigués. En diminuant les protéines animales de sa diète, les besoins en eau diminuent et la fatigue est moins probable.

Une façon invitante de faire appel à votre imagination consiste à supprimer toutes les règles, d'écouter vos sentiments et de suivre le courant. Le livre de cuisine *The Art of Taste,* de Beatrix Rohlsen, propose des recettes qui laissent de la place pour votre créativité. Vous pourrez trouver utile de suivre une recette une fois ou deux, pour découvrir ce que le plat peut goûter de cette manière. Ensuite, lorsque vous gagnerez en confiance, vous vous sentirez libre d'ajouter votre touche personnelle. La liberté d'ajouter une touche artistique à la recette d'un autre engendre un courant qui soutient et inspire votre énergie créatrice.

Trucs et astuces pour ceux qui résistent aux mets végétariens

Lisa Tracy a écrit un livre intitulé *The Gradual Vegetarian,* dans lequel elle suggère d'apporter des changements à son *style de vie* plutôt que de suivre une *diète.* La « diète » désigne en réalité ce que nous mangeons, mais l'usage populaire du mot est chargé d'une idée de restrictions. Si nous passions soudainement à une diète végétarienne, nous pourrions nous sentir contrariés et contrôlés.

La plupart des gens peuvent supporter les privations pendant une certaine période de temps, puis ils se rebiffent parce qu'ils se sentent sevrés. Ils virent éventuellement de bord pour reprendre le chemin qu'ils viennent tout juste de quitter. Par contre, de petits changements graduels garantissent le succès.

Ce n'est pas si difficile de préparer simultanément un repas végétarien pour vous et un repas à base de viande pour les membres de votre famille. Sortez deux poêlons à frire et faites cuire des filets de poisson ou du poulet pour la famille, puis un burger végétarien pour vous. Servez ensuite un accompagnement végétalien ou végétarien. Voici quelques exemples de plats d'accompagnement végétariens : riz pilaf à base de margarine de soja, salade de verdures, pommes de terre au four, pâtes à l'huile d'olive ou à la sauce marinara, légumes vapeur, salade de haricots, soupe aux légumes ou muffins au blé entier. Tous les membres de la famille, qu'ils soient végétariens ou non, peuvent savourer ces plats ensemble.

Voici quelques façons de transformer la manière dont vous et votre famille pouvez envisager le végétarisme :

1. **Essayez de déterminer les repas qui plaisent à votre famille et qui sont déjà végétariens.** Par exemple, des spaghettis à la sauce marinara, des sandwichs au fromage ou des burritos aux haricots.

2. **Revoyez vos recettes favorites de viande pour en faire des versions végétariennes.** Commencez par les plus faciles. Remplacez la viande dans les chilis, les spaghettis, les tacos et les lasagnes par des substituts de viande, tels que :

   - ***Tofu.*** Le tofu absorbe facilement la saveur des sauces. Le tofu mou s'émiette comme de la viande hachée. Le tofu ferme ou extra ferme se coupe bien en cubes. Ou, achetez du tofu précuit et mariné, qui est très savoureux.

   - ***Protéines végétales texturées.*** Elles sont offertes sous forme lyophilisée, dans des boîtes, dans la section des charcuteries, ou au congélateur, déjà assaisonnées. Les protéines végétales texturées imitant les burgers et les saucisses se trouvent dans des tubes de plastiques, dans la section des substituts de viande des magasins d'aliments naturels.

   - ***Veat*.*** Ce substitut de viande commercial a été inventé en Asie et possède à s'y méprendre le goût et la texture du poulet. Il existe également une variété de Veat qui imite le goût et l'apparence du saumon. Remarquez toutefois que le Veat n'est pas végétalien, parce qu'il contient du petit-lait. Il se trouve dans les congélateurs des magasins d'aliments naturels fins.

*N.d.l.R. : Ce produit n'est pas disponible au Canada. Pour plus d'information sur le produit, visitez le www.veat.com (site en anglais seulement).

- ***Tempeh.*** Ce produit, obtenu à partir de haricots de soja fermentés, est plus caoutchouteux que la viande et ne goûte pas vraiment comme la viande. Cependant, il donne un bon goût et une belle texture dans les plats qui demandent de la viande hachée.

- ***Seitan.*** Produit offert à saveur de bœuf ou de poulet, le seitan se trouve dans la section des substituts de viande des magasins d'aliments naturels. Il possède un goût satisfaisant et une texture caoutchouteuse. Il peut être coupé en lanières pour accommoder une recette de Stroganov ou de fajitas.

3. **Omettez la viande du petit-déjeuner,** ou remplacez-la par du bacon ou des saucisses à base de soja, qui sont offerts dans la section des produits congelés de la plupart des épiceries ou magasins d'aliments naturels.

4. **Introduisez graduellement les haricots dans vos repas.** Ajoutez-en dans vos salades, un plat de riz ou vos soupes.

5. **Basez votre alimentation sur les produits végétaux.** Trop de produits laitiers sous forme de lait, de fromage ou de yogourt peuvent augmenter l'apport en matières grasses, tout en laissant moins d'appétit pour les aliments riches en fibres. Limitez la consommation des produits laitiers à un seul repas par jour. Prenez de l'hoummos (une trempette à base de pois chiches offerte dans la section des produits fins de la plupart des épiceries et magasins d'aliments naturels) pour remplacer le fromage et la crème sure.

6. **N'oubliez pas que les céréales, les légumes, les haricots et les noix fournissent tous des protéines.** Les végétariens n'ont pas besoin de prévoir des combinaisons alimentaires précises pendant le repas pour combler leurs besoins en protéines. Pourvu que les besoins énergétiques soient comblés et que vous mangiez plusieurs aliments différents, les besoins en protéines seront facilement comblés.

7. **Soyez patient avec les fines bouches de la famille.** Commencez avec des plats simples pour les attirer (spaghettis, lasagne et sautés sans viande). N'insistez pas pour qu'ils mangent les aliments plus insolites (comme les algues). Soyez accueillant, mais ferme. Autant que possible, laissez les convives difficiles se débrouiller eux-mêmes.

Construire un pont solide

Responsabilité, lucidité, sensibilité et créativité aident à construire un pont solide. Forgez-vous une image précise du type de végétarien que vous souhaitez devenir. Déterminez avec précision comment cela sera faisable. Est-ce que d'autres doivent s'impliquer ? Avez-vous le temps de préparer vos repas ? Soyez indulgent envers vous-même. Pendant que vous vous visualisez en train d'acquérir de nouvelles habiletés culinaires végétariennes, vous avez besoin d'encouragements et d'amour, pas de critiques personnelles. Devenez créatif dans toutes les sphères de votre existence, ce qui inclut votre manière de cuisiner et de manger.

Un bon sens de l'organisation soutiendra votre engagement à passer d'une alimentation basée sur la viande à une alimentation de type végétarien. Viser des changements simples vous aidera à demeurer lucide. Progresser consciemment dans un espace d'amour et d'attention nourrira la compassion. Vous donner la liberté d'utiliser votre imagination gardera vive la flamme de votre créativité.

Une bonne planification fera une place importante à la liste d'épicerie, et il faudra éviter de faire vos courses lorsque vous serez affamé. Dressez la liste à partir des repas que vous planifiez cuisiner pendant les trois ou cinq journées à venir. Faites l'épicerie lorsque vous êtes rassasié, cela diminuera le risque d'achats impulsifs. Une liste d'épicerie et un estomac bien rempli vous garderont sur la bonne voie et raffermiront votre engagement à adopter une diète végétarienne.

La clarté d'esprit implique également de garder les choses simples. Par exemple, il est frustrant de ne plus avoir la forme. Dans cet état d'esprit, vous vous rendez au gymnase pour la première fois depuis longtemps et faites trop d'exercices. Par la suite, vos muscles sont si douloureux que vous vous demandez ce qui est arrivé à votre corps, jusqu'à ce que vous vous rappeliez votre enthousiasme débordant au gymnase. Cela est aussi vrai avec la nourriture. Il vous faut éviter de manger comme quatre — au sens propre comme au figuré.

Choisissez de nouvelles recettes qui seront à votre portée. Si vous n'êtes pas un cordon-bleu, sélectionnez des recettes faciles que vous pouvez réussir, plutôt que des recettes sophistiquées qui risquent de vous frustrer. Un sandwich à la gelée et au beurre d'arachide fait avec amour et attention retiendra cette compassion. Lorsque vous le mangerez, vous *absorberez* cette compassion. Si la nourriture n'est pas faite avec amour, mais que vous la bénissez et la chérissez, elle sera transformée, et vous le serez également.

CHAPITRE 4

Élucidation des mythes sur le végétarisme

« Une bonne action accomplie pour un animal est aussi louable qu'une bonne action accomplie pour un être humain. Un acte de cruauté visant un animal est aussi condamnable qu'un acte de cruauté visant un être humain. »

— Mahomet, fondateur de l'islamisme

Une part de votre succès dans le cheminement vers un style de vie végétarien repose sur votre facilité plus ou moins grande à adopter une diète végétarienne. Parfois, les gens ont peur de cesser de manger de la viande parce qu'ils croient certains des mythes qui circulent sur le végétarisme. Connaître la vérité sur le végétarisme pourra vous aider à chasser toutes les craintes provenant de ces contrevérités.

Voici les six idées fausses les plus courantes concernant le végétarisme, suivies des faits qui permettent de les débrouiller :

Six mythes sur le végétarisme

1. Je n'obtiendrai pas suffisamment de protéines dans mon alimentation.
2. Les protéines d'origine animale sont supérieures aux protéines d'origine végétale.
3. Être végétarien signifie ne manger que des salades.
4. Je perdrai de la masse musculaire si je deviens végétarien.
5. Il est difficile d'être végétarien.
6. Être végétarien demande beaucoup de temps.

Mythe : Je n'obtiendrai pas suffisamment de protéines dans mon alimentation.

Vérité : De nombreuses personnes consomment de deux à quatre fois la quantité de protéines nécessaires.

En Amérique, de nombreuses personnes ont été élevées dans la crainte d'un apport insuffisant en protéines, s'ils ne mangeaient pas de la viande tous les jours. La plupart d'entre nous se rappellent les professeurs de la petite école qui désignaient de grandes affiches montrant de la viande, et qui nous pressaient de manger des aliments des quatre groupes (viande, produits laitiers, céréales, fruits et légumes) tous les jours. Ce que les professeurs ne nous montraient pas, c'était l'endos des affiches qui révélait les noms des entreprises œuvrant dans l'élevage et l'industrie laitière, et commanditant l'impression et la distribution des affiches.

La conséquence de ces leçons inappropriées, c'est qu'aujourd'hui la plupart des Américains consomment trop de protéines d'origine animale. Une étude exhaustive menée en Chine montre un lien entre la consommation de protéines d'origine animale et une incidence accrue de l'ostéoporose. Ce n'est probablement pas une coïncidence de constater que tant de gens consomment des protéines animales, tandis que l'ostéoporose prend des proportions épidémiques.

Une diète riche en protéines a été préconisée par de nombreux livres populaires, tels que *Dr. Atkins' New Diet Revolution, The Zone* et *4 groupes sanguins, 4 régimes.* Toutefois, comme nous le soulignions plus tôt, une diète riche en protéines commande une ration importante d'eau, requise pour la digestion des protéines. Lorsque nous ne buvons pas assez d'eau, nous subissons la déshydratation. Avec seulement un pour cent de déshydratation, la fatigue est le premier symptôme qui apparaît. De nombreuses personnes sont fatiguées parce que leur consommation excessive de protéines les déshydrate.

Mythe : Les protéines d'origine animale sont supérieures aux protéines d'origine végétale.

Vérité : Toutes les sources de nourriture, sauf la matière grasse et le sucre, contiennent des protéines.

La « pyramide alimentaire » est un système de recommandations nutritionnelles qui divise les aliments en différents groupes et détermine le nombre et la grosseur des portions. Sur la base de cette pyramide alimentaire, voici la teneur en protéines de différents aliments végétariens et non végétariens, par portion :

— **Le groupe des produits céréaliers** contient 3 g de protéines ; exemples de portion : 1 tranche de pain ou 120 ml (½ tasse) de riz.

— **Le groupe des légumes** contient 2 g de protéines; exemples de portion : 120 ml (½ tasse) de légumes cuits ou 240 ml (1 tasse) de légumes crus.
— **Le groupe des fruits** contient 0,5 g de protéines; exemples de portion : 1 fruit ou 120 ml (½ tasse) de jus.
— **Le groupe des produits laitiers** contient 8 g de protéines; exemples de portion : 240 ml (1 tasse) de lait ou de yogourt.
— **Le groupe des viandes** contient 7 g par once; exemple de portion : 85 g (3 oz) de viande.

Mythe : Je perdrai de la masse musculaire si je deviens végétarien.

Vérité : Manger des glucides complexes, tout en faisant des exercices avec des poids, favorise le développement musculaire.

Contrairement à la croyance populaire, on n'a pas besoin de manger un supplément de protéines pour développer sa masse musculaire. La confusion vient du rôle joué par les protéines dans notre corps. Le travail des protéines consiste à construire et réparer. Certaines personnes pensent que « construire et réparer » équivaut à obtenir des biceps plus volumineux. Il est vrai que les protéines sont impliquées dans de nombreuses tâches de construction. Elles servent à former les globules sanguins rouges et blancs, et tous les enzymes et les hormones. Chaque cellule de notre corps comporte des protéines dans sa membrane. Notre peau, nos cheveux et nos ongles sont constitués de protéines, tout comme nos organes.

De plus, notre peau se renouvelle tous les 30 jours et les cellules à l'intérieur de notre bouche sont remplacées tous les trois jours.

L'espérance de vie d'un globule rouge est de 120 jours. Tout cela pour signaler que notre corps accomplit de nombreuses choses avec les protéines que nous mangeons. Cependant, développer la masse musculaire ne se trouve pas en tête de liste.

Mythe : Il est difficile d'être végétarien.

Vérité : Comme avec tout ce qui est nouveau, vous pourriez vous sentir un peu embarrassé au début de vos changements alimentaires.

Cependant, si vous envisagez ces changements comme une aventure comportant de nombreux bénéfices, vous serez plus enclin à relever les défis potentiels.

Vous pouvez faciliter votre transition alimentaire en élaborant une stratégie alimentaire, en achetant des livres de cuisine végétarienne, en planifiant mieux lors de vos achats, en mangeant dans des restaurants végétariens et en incorporant graduellement le végétarisme dans votre vie.

Avec le temps, vous apprendrez à commander des plats végétariens dans n'importe quel restaurant et à vous intégrer lors des réceptions chez les amis, tout en conservant votre style de vie végétarien. Soyez patient avec vous-même pendant que vous implantez ce changement important dans votre vie. Votre confiance personnelle grandira avec chaque succès rencontré.

Si votre famille pose des difficultés, faites de votre mieux pour demeurer patient. Commencez avec des plats végétariens de base, comme des spaghettis, une lasagne, un chili ou des *tostadas* sans viande. N'imposez pas les mets végétariens plus exotiques aux membres de votre famille. Soyez ouvert, mais gardez le cap.

Mythe : Être végétarien demande beaucoup de temps.

Vérité : Changer les anciennes habitudes d'emplettes, de cuisine et d'alimentation est ce qui demande le plus de temps lorsqu'on veut devenir végétarien.

La plupart d'entre nous sont des êtres routiniers, c'est pourquoi vous pourriez vous sentir déconcerté au départ en essayant de déterminer ce que vous devez cuisiner ou les ingrédients que vous devez acheter à l'épicerie.

Vous devrez peut-être changer d'épicerie. Essayez de repérer un bon magasin d'aliments naturels. Par bonheur, nous vivons à une époque où abondent les grandes épiceries d'aliments naturels. La plupart des grands fournisseurs possèdent des sites Internet où il est possible de commander des marchandises que vous recevrez à domicile. Des substituts de viande lyophilisés et des assaisonnements santé sont des exemples de produits que vous pouvez acheter à partir de votre ordinateur. Vous trouverez plusieurs de ces sites Internet dans la section *Ressources* de ce livre.

La cuisson de la viande demande en fait plus de temps que la cuisine végétarienne. Après tout, vous devez vous assurer que la viande est cuite de part en part pour éviter les intoxications alimentaires. L'inverse est vrai dans la préparation de plats végétariens. Plus courte sera la cuisson des légumes, par exemple, et meilleurs ils seront pour la santé. La plupart des substituts de viande sont précuits, et ne demandent qu'à être sautés ou réchauffés. Les assaisonnements et les sauces sont les ingrédients clés des bons plats végétariens. Puisque vous pouvez acheter des sauces préparées et des légumes pré-coupés, il est possible de faire les courses et cuisiner rapidement lorsqu'on est végétarien.

Lorsque nous essayons une nouvelle recette, il est normal de se sentir un peu embarrassé. Plusieurs personnes estiment qu'elles doivent essayer une nouvelle recette trois fois avant de se sentir à l'aise. La quatrième fois, elles ont mémorisé la recette et font des expériences avec les ingrédients.

Une approche modérée

Les célébrations familiales, les anniversaires, le temps des Fêtes, les sorties au restaurant, les soupers entre amis et les réceptions sont quelques-uns des événements qui tournent autour de la nourriture. Si vous êtes très concerné par votre nouveau mode de vie végétarien, le meilleur moyen de transmettre ce message aux autres est de prêcher par l'exemple plutôt que de faire la morale.

De nombreuses personnes sont rebutées par les végétariens trop vigilants. Nous avons tous connu des végétariens « combattants », qui semblent se considérer comme vertueux. Et même s'il existe plusieurs merveilleuses raisons pour devenir végétarien, se sentir supérieur aux autres n'en fait pas partie.

Après tout, qui aime se sentir poussé à faire quelque chose ? Vous vous rappelez probablement une occasion où vous étiez intéressé à acheter quelque chose, mais n'avez pu le faire par ce qu'un vendeur trop zélé vous a poussé dans la direction opposée. Eh bien, pensez à la façon dont *vous* aimeriez découvrir une chose qui vous inspire quelques réticences.

Vous devez être soucieux de ne pas contraindre vos amis et votre famille à adopter un style de vie végétarien. Ce qui survient habituellement, c'est qu'un membre de la famille, souvent celui qui fait la cuisine, découvre la cuisine végétarienne, et les bénéfices qui en découlent. Cette personne est ensuite avide de rallier chacun. Cette suite d'événements conviendra à certains, mais la plupart préfèrent une approche modérée, qui ouvre leur réceptivité à des aliments nouveaux, et parfois inhabituels.

Ainsi, apposer un autocollant clamant les droits des animaux sur son pare-chocs est une chose (de nombreux autocollants vous font passer pour des zélateurs ce qui pousse ensuite les autres à vous rejeter), mais faire la morale à votre famille sur les détails sanglants des boucheries en est une autre. Vos amis et votre famille remarqueront que vous ne mangez plus de viande, et s'ils s'intéressent au végétarisme, ils vous poseront des questions. Encore là, ne soyez pas trop percutant ni insistant dans vos réponses. Fournir une réponse calme et simple à la question « pourquoi es-tu végétarien ? » peut s'avérer beaucoup plus efficace que se tenir sur la défensive.

Les sceptiques et les inquiets

« Ne crains-tu pas de manquer de protéines avec ton régime végétarien ? » vous demande votre tante Edna, bien intentionnée. L'éducation, la réflexion et l'engagement sont trois ingrédients qui vous aideront à traiter avec les êtres chers sceptiques ou inquiets.

Plus vous serez instruit sur le végétarisme, et sérieux dans votre cheminement, et plus votre famille et vos amis seront décrispés. Lire des livres sur le végétarisme, ou la revue *Vegetarian Times*, vous apportera plus d'informations à partager avec les autres. Il est préférable de ne pas débattre des avantages et des inconvénients du végétarisme. Prêchez simplement par l'exemple. Si votre mode de vie végétarien vous a aidé à devenir plus serein, en santé et heureux, les autres le remarqueront inévitablement.

La question la plus courante que vous poseront probablement vos êtres chers concerne la quantité nécessaire de protéines et de calories. Confiez-leur que vous planifiez de manger des aliments qui sont complémentaires et que ces aliments ont le profil amino-acide d'un bifteck. Cela diminuera grandement leurs inquiétudes.

Pour certains, l'idée de ne pas manger de viande semble presque anti-américaine. Nous avons grandi avec des images de hamburgers, laits fouettés, frites et tartes aux pommes. Ces images font partie intégrante de la culture populaire. Combien de films des années cinquante avez-vous visionnés montrant un comptoir à hamburgers en arrière-plan ? Les restaurants fins ne servent-ils pas des filets mignons, des carrés d'agneau et des darnes d'espadon ?

Le monde réécrit lentement ces préceptes touchant une alimentation saine. De nombreux comptoirs à hamburgers offrent maintenant des versions végétariennes de leurs produits, et les supermarchés offrent des produits végétariens et biologiques. Vos êtres aimés ont probablement remarqué ces changements eux aussi.

Que faire avec les enfants qui froncent les sourcils ?

Si vous voulez initier vos enfants à la nourriture végétarienne, il est bien de le faire graduellement. Par exemple, préparez et servez des hot-dogs avec des saucisses fumées ordinaires et d'autres au tofu. Lorsque vous servez du lait, mélangez un quart de verre de lait de soja ou de riz au produit laitier. Soyez un modèle à imiter en poussant des oh ! et des ah ! en mangeant vos plats végétariens.

Si vos enfants ou vous-même êtes de nouveaux partisans d'une alimentation saine, il est important de savoir que vos fringales pour de la malbouffe ou des aliments transformés peuvent continuer pendant quelques mois. Persévérez dans votre cheminement. Après un mois ou deux, les fringales d'aliments salés, sucrés ou gras seront probablement remplacées par un appétit pour des aliments sains.

Vous pouvez vous faciliter la tâche en vidant les placards et le réfrigérateur de toutes les friandises et la malbouffe. Prévoyez une profusion d'aliments sains à grignoter que vous garderez à portée de la main, comme des raisins biologiques, des fraises mûres, des tranches de melon, de l'hoummos et des fleurettes de brocolis, un mélange de noix ou des craquelins aux grains entiers.

Voici d'autres idées de collations et de repas végétariens pour vos enfants.

Collations et repas végétariens pour les enfants, offrant des protéines complémentaires

- Pouding au riz fait avec du lait de soja
- Un bagel tartiné de beurre d'amande, de beurre de graines de tournesol ou de tahini
- De l'hoummos dans un pita
- Un burrito fait de haricots Pinto dans une tortilla à la farine de blé
- Un taco fait de protéines de soja texturées dans une tortilla au maïs
- Soupe à l'orge avec des cubes de tofu
- Soupe aux macaronis et aux haricots

Idées de collations et repas végétariens pour les adolescents, faciles à préparer et à transporter

- Fruits séchés
- Mélange de noix
- Maïs soufflé
- Galette de riz
- Yogourt
- Restes de pizza ou pointes de pizza congelée
- Laits fouettés
- Hoummos dans un pita
- Un muffin et du jus
- Un bagel tartiné de beurre d'arachide
- Un sandwich au beurre d'arachide et aux bananes
- Des craquelins tartinés de beurre d'amande

Dîner chez les amis

Il est agréable de dîner chez des amis. Puisque vous êtes végétarien, cela ne signifie pas que vous deviez renoncer aux plaisirs de la table. Vous pouvez envisager le problème sous plusieurs angles. Vous devez seulement consulter votre guide intérieur pour choisir la méthode qui vous convient.

L'histoire de Doreen

« J'utilise l'humour dans ces situations. Cela semble atténuer toute tension que pourrait engendrer mon style de vie végétarien. Lorsque des amis m'invitent à dîner chez eux, je

demande habituellement : "Vous êtes sûrs de vouloir m'inviter ? Vous savez, je suis végétalienne. Oui, oui, ce genre de personne qui ne mange ni viande, ni produits laitiers. C'est si difficile de cuisiner pour nous !" Mes amis éclatent toujours de rire, puis répondent : "Bien sûr, nous voulons que tu viennes ! Dis-nous seulement ce que tu peux manger."

« Je donne alors quelques exemples de plats végétaliens faciles à préparer, comme des pâtes à la sauce marinara ou des tostadas *végétariennes. Il n'est jamais arrivé que l'un de mes amis se soit senti offensé, et ils me remercient de les prévenir.*

« Parfois, je propose d'emporter mon propre substitut de viande, pour compléter les accompagnements que mes amis ont cuisinés pour une grande tablée. À Noël dernier, par exemple, j'avais amené de la Tofurkey (substitut de dinde au tofu) précuite, j'ai donc pu accompagner les membres de ma famille qui mangeaient de la dinde. »

Il existe également des végétariens « souples », ce qui signifie qu'ils s'écartent du végétarisme quand leurs amis servent des repas à base de viande.

L'histoire de Becky

« Cela faisait douze ans que j'étais végétarienne lorsque ma voisine m'a demandé : "Voudriez-vous venir à la maison et manger un plat de notre pays natal : des bangers *anglaises ?" Je n'avais pas la moindre idée de ce qu'étaient des* bangers*, je pensais seulement à son excitation à propos*

de ce plat, et son désir de le partager avec moi. J'ai donc accepté l'invitation avec plaisir.

« Sur une belle table, dans de la porcelaine anglaise, on nous a servi des choux de Bruxelles, des pommes de terre bouillies et une banger *anglaise. C'est alors que j'ai découvert qu'une* banger *anglaise est une grosse saucisse grasse. J'ai ensuite pensé qu'elle ne m'avait pas invitée à manger des choux de Bruxelles. Le seul aliment qu'elle avait mentionné était la* banger *anglaise. J'ai levé les yeux de mon assiette, puis souris en réponse au large sourire de mon hôtesse, et j'ai finalement mangé la* banger.

« Ce soir-là, j'ai appris une leçon très importante : la nourriture c'est bien davantage que la santé et le bien-être. Pour moi, la nourriture permet également de créer des liens avec les gens. Quand on me demande si je le referais, je réponds oui, avec un battement de cœur. Ma voisine m'a fait entrer dans sa vie de façon très cordiale. Avant cela, nous n'avions échangé que des plaisanteries. Maintenant, elle avait partagé une partie de sa patrie, une partie de ce qu'elle est, une part de son âme. »

Il existe plusieurs facteurs qui influencent nos choix alimentaires. Les traditions, la pression sociale, les goûts, la publicité, les habitudes et les croyances en font partie. Le lien entre végétarisme et spiritualité implique souvent de se montrer souple dans un esprit de bienveillance. Notre guide intérieur est un baromètre fiable dans de telles situations. Chacun de nous fait ses propres choix, et sait qu'il n'existe pas de décisions clairement bonnes ou mauvaises.

CHAPITRE 5

Manger sainement

« Nous sommes tous des créatures de Dieu. Quelle contradiction que d'implorer la miséricorde et la justice du Seigneur tout en continuant à manger la chair d'animaux abattus pour nous. »

— Isaac Bashevis Singer, prix Nobel de littérature

En tant que végétarien, vous avez éliminé certains aliments de votre diète, mais il est important de sonder vos pensées et émotions, et de prendre conscience de tout sentiment de « privation » et de « contrainte ». Même si vous avez personnellement décidé de devenir végétarien, il est possible que vous commenciez à être contrarié par votre style de vie.

Le ressentiment émerge de pensées négatives comme : « Misère, je ne peux manger cet aliment. » Pour éliminer la négativité et la frustration, concentrez-vous sur les bénéfices qui découlent de votre style de vie végétarien. Redressez vos pensées avec des affirmations revigorantes comme :

- « Manger des fruits et des légumes frais me donne de l'énergie pendant des heures. »
- « J'aime savoir que mes habitudes alimentaires aident la cause de l'environnement. »
- « J'aime la façon dont mes habitudes alimentaires affectent ma forme et mon apparence. »
- « Je dis oui à la santé et à l'énergie en mangeant de cette manière. »

Assurez-vous de manger de nombreux aliments variés, puisque la variété vous évitera de trouver le végétarisme ennuyeux. Une alimentation variée vous permettra également d'ingérer tous les nutriments dont vous avez besoin. Vous pouvez vous abonner à *Vegetarian Times* ou emprunter des livres de cuisine végétarienne à la bibliothèque pour découvrir de nouvelles recettes. De plus, de nombreux centres communautaires, des magasins d'aliments naturels et des restaurants offrent des cours de cuisine végétarienne. Vérifiez si l'Union Végétarienne Internationale présente des sessions d'information dans votre région (voir la section *Ressources* de ce livre). Ces organismes procurent soutien et informations aux végétariens.

Manger au restaurant et sur le pouce

Manger à l'extérieur est une façon d'être sûr de savourer des plats végétariens délicieusement différents. Mais de nombreux végétariens novices ne savent pas quoi commander.

Doreen : Avec l'horaire chargé de mes ateliers, je voyage pratiquement toutes les fins de semaine. J'ai appris à conserver mon style de vie végétarien, peu importe le restaurant où je me trouve. Voici quelques trucs que j'ai appris sur la route :

Avisez toujours le serveur ou la serveuse que vous êtes végétarien ou végétalien, et demandez leur aide pour choisir les plats. Soyez également attentif aux sources animales cachées dans le menu, comme des pâtes ou des soupes préparées avec du bouillon de poulet. N'hésitez pas à demander au serveur de vérifier avec le chef : (1) si des produits animaux entrent dans la préparation des aliments, et (2) si des substituts peuvent être utilisés. Je n'ai jamais vu un serveur ou une serveuse refuser cette requête, et ils ont toujours répondu chaleureusement à mes questions tout en m'apportant leur aide.

Par exemple, si vous êtes dans un restaurant italien, surveillez les pâtes faites avec des œufs, les sauces à la crème, au fromage ou au beurre, ainsi que les raviolis farcis au fromage ou à la viande. Demandez que l'on nappe vos pâtes de sauce marinara, qui est une sauce rouge végétarienne, ou avec de l'huile d'olive, de l'ail et du basilic. Certaines pizzerias rapides préparent leur sauce marinara avec du bouillon de bœuf. Demandez donc au serveur la liste de tous les ingrédients qui entrent dans la composition de la sauce rouge. Si vous êtes végétalien, précisez que vous ne voulez pas de fromage dans votre plat, ni dessus. J'ai appris à aimer la pizza végétalienne, qui est faite avec de la sauce rouge et des légumes, mais sans fromage. Un autre de mes plats favoris est la bruschetta, qui est faite avec du pain au levain, du basilic et des tomates italiennes hachées.

Les restaurants asiatiques offrent la plus grande variété de plats végétariens. Les restaurants chinois, thaïs et vietnamiens servent plusieurs délicieux plats végétariens. J'aime les plats au pâté de soja (ou tofu), mélangé avec des légumes frais sautés ou vapeur. Assurez-vous de préciser que vous voulez une sauce végétarienne sur les légumes. Certains restaurants asiatiques couvrent leurs légumes avec des sauces aux huîtres, ou à base de bouillon de bœuf ou de poulet. Assurez-vous également que la base de soupe soit végétarienne. Malheureusement, la plupart des restaurants asiatiques utilisent le fumet de poisson, la poudre de poisson lyophilisée ou le bouillon de poulet comme base pour la soupe miso, aigre-douce, et leur potage aux œufs. Les rouleaux printaniers végétariens, le chow mein végétarien et les plats aux nouilles sautées à la thaïlandaise constituent d'autres choix délicieux.

Dans les restaurants japonais, vous pouvez également savourer de nombreux plats végétariens. Essayez une salade de concombres ou d'algues arrosée d'une vinaigrette au gingembre ou au miso. Un de mes mets préférés est le « sushi aux avocats ». Cela ressemble à un rouleau californien, fait de nori-maki (l'algue plate et verte utilisée pour préparer les sushis) farcie de riz et d'avocat. La plupart des bars à sushis ne l'inscrivent pas au menu mais seront heureux d'en préparer si vous en faites la demande. Les sushis végétariens, faits avec du concombre, des tranches de radis et de carottes sont offerts dans la plupart des restaurants japonais aujourd'hui. Vous pouvez également prendre un repas avec un bol de riz (demandez du riz complet, si c'est disponible) garni de légumes cuits à la sauce teriyaki. Les légumes tempura sont également délicieux, mais peuvent être riches en matière grasse.

Dans les restaurants mexicains, vous devrez vérifier si les haricots sont cuits dans le lard. Plusieurs restaurants mexicains offrent des haricots végétariens, qui peuvent servir de base à de nombreux mets sains et faibles en gras. Par exemple, vous pouvez déguster des burritos, salades de *tostadas*, tacos ou enchiladas végétariens aux haricots. Si les haricots sont cuits dans le lard, utilisez le riz espagnol du restaurant comme base pour votre repas. Il faut s'assurer que le riz ne soit pas cuit dans le bouillon de poulet et que les tortillas ne soient pas faites au lard. Pour les végétaliens, éliminez le fromage et la crème sure de vos plats. Demandez du guacamole pour remplacer le fromage et la crème sure, afin que le plat ne soit pas trop sec. Cela « adoucira » un peu le côté épicé de la salsa. Un gaspacho et des nachos sans viande sont d'autres délicieux choix végétariens à goûter dans les restaurants mexicains.

Dans les restaurants de type américains, ou les restaurants de biftecks et fruits de mer, vous devrez être un peu plus débrouillard. La plupart des salades « du jardin » servies dans ces endroits contiennent à peine plus que de gros morceaux de laitue iceberg flétris. Encore une fois, fiez-vous au serveur, qui connaît le menu, pour passer votre commande. Pensez aussi que vous pouvez élaborer un repas satisfaisant avec des plats d'accompagnement. Par exemple : une pomme de terre au four avec une vinaigrette italienne végétarienne, des légumes vapeur ou grillés (oubliez le beurre et le fromage), des haricots cuits au four, du riz et des légumes (vérifiez si le riz pilaf est préparé avec du bouillon de poulet), ou un plat de pâtes végétarien.

Les restaurants rapides offrent maintenant des menus convenant aux gens soucieux de leur alimentation. Ils servent des salades, des pommes de terre au four et des burgers végétariens. Vérifiez toutefois la liste des ingrédients des sauces pour salade, puisque plusieurs d'entre elles contiennent de la « gélatine », qui est faite à partir des muscles et des os de la vache. Il vaut mieux presser un peu de jus de citron et saupoudrer sa salade de sel et de poivre, plutôt que de manger une sauce pour salade contenant de la gélatine.

Puisque les restaurants rapides sont souvent regroupés dans le même secteur, vous pouvez passer au suivant si le premier n'offre pas un menu végétarien. Si vous avez une envie de repas rapide, optez plutôt pour un bagel au blé entier avec des morceaux de fruits (offert dans de nombreux cafés). Pour manger sur le pouce, l'épicerie constitue une solution de rechange. Attrapez un sac de mini-carottes que vous tremperez dans de l'hoummos, ou cassez la croûte avec une banane et des noix. La plupart des sandwicheries, ce qui inclut les chaînes de restauration rapide, peuvent vous préparer un sandwich végétarien fait de pain et de légumes.

Si vous voyagez en avion, prévenez la compagnie aérienne au moins 24 heures avant votre départ pour demander un plat végétarien. La plupart des compagnies aériennes servent des repas pour différents types de végétariens. Vous pouvez donc demander plus spécifiquement un repas « sans produits laitiers », « sans bœuf » ou « sans poisson ». J'ai appris à mes dépens que lorsque vous faites confiance à un agent de voyages pour obtenir un repas précis, il arrive souvent que vous ne soyez pas servi. Il est préférable de contacter vous-même la compagnie aérienne. Et dans l'éventualité où votre repas spécial ne se rende pas jusqu'à l'avion, pensez à emporter quelques en-cas végétariens, comme des galettes de riz, des fruits ou un mélange de noix. Si vous leur expliquez la situation, la majorité des hôtesses de l'air sont créatives lorsque vient le temps d'improviser un repas végétarien avec des accompagnements, ou en combinant des produits des repas de première classe et de la classe affaires.

Suppléments de vitamines et minéraux

Les végétariens devraient-ils supplémenter leur alimentation en prenant des vitamines ? Pour la plupart, la réponse est oui. Les végétaliens, en particulier, doivent prendre de la vitamine B_{12}, pour trois raisons principales : les quantités de B_{12} ont diminué dans nos sols et nos cultures en raison des techniques modernes d'agriculture ; la transformation des aliments nous laisse moins de B_{12} au bout du compte ; et finalement, un composé nommé « analogue » se retrouve dans les aliments, au lieu de la B_{12}. Ce composé analogue ressemble à la B_{12}, mais ne possède aucune des propriétés de la B_{12}. Ainsi, lorsqu'il occupe la place de la B_{12} dans le corps, il prend de l'espace sans faire le travail. Et si vous êtes un végétalien qui ne prend pas beaucoup de soleil, vous devrez également ajouter de la vitamine D à votre alimentation.

Les recherches diététiques ont débuté en travaillant sur la prévention des maladies. De nombreuses découvertes de vitamines et minéraux précis sont survenues parce que des gens avaient développé des troubles que telle vitamine ou tel minéral pouvaient soigner.

Aujourd'hui, l'accent est mis sur le maintien de la forme optimale. Tous les jours, les scientifiques font des découvertes en ce sens. Dans le futur, nous obtiendrons des bases solides sur les éléments clés d'une santé optimale. Mais d'ici là, nous servons de cobaye lorsque nous absorbons de notre propre chef des mégadoses de suppléments alimentaires.

L'apport quotidien recommandé (AQR) se concentre uniquement sur la prévention de carences nutritionnelles dans des groupes de populations donnés. Il ne détermine pas l'apport optimal pour chaque individu. L'AQR ne tient pas adéquatement compte des facteurs environnementaux et des habitudes de vie qui peuvent détruire les vitamines et les minéraux (tabagisme, alcool, additifs alimentaires, métaux lourds et monoxyde de carbone). Considérant cela, les recommandations pratiques qui suivent vous aideront à développer un programme simple pour enrichir votre alimentation :

1. **Prenez un complexe multivitaminé (vitamines et minéraux) de qualité supérieure.**

2. **Prenez des suppléments d'antioxydants.** Cette précaution est importante dans une alimentation riche en végétaux, en particulier les fruits et les légumes. La combinaison de nutriments antioxydants montre qu'ils travaillent de concert et produisent un phénomène de synergie. Les deux antioxydants primaires dans le corps sont les vitamines C et E. Prenez en considération la quantité fournie par votre complexe mutivitaminé (vitamines et minéraux). Le supplément quotidien suggéré pour ces antioxydants clés, de façon à favoriser une bonne santé, est de 400 à 800 UI pour la vitamine E, et de 500 à 1 500 mg pour la vitamine C.

3. **Prenez quotidiennement 15 ml (1 c. à soupe) d'huile de lin non raffinée.** De nombreux experts considèrent que cela constitue la façon de rétablir les niveaux adéquats d'acides gras essentiels.

   L'excès dans une direction ou l'autre n'est pas nécessairement rentable du point de vue nutritionnel. Des exemples de ces extrêmes, devenus populaires ces dernières années, font mention de ne consommer aucune matière grasse ; de consommer de 2 à 4 fois la quantité de protéines requise ; et de prendre des doses élevées de vitamines et minéraux en suppléments.

Tout comme notre sang possède un pH précis, avec des valeurs supérieures et inférieures trop acides ou alcalines, notre système immunitaire possède un point d'équilibre. Lorsque nous sommes en carence ou en surdose de vitamines ou de minéraux, notre système immunitaire est déséquilibré. Et lorsque notre système immunitaire est déséquilibré, nous sommes plus sujets aux maladies. La modération est une clé importante.

Lorsque vous choisissez des vitamines, lisez les composantes pour voir s'il n'y a pas d'ingrédients animaux cachés. Évitez les capsules en gélatine qui, comme nous l'avons dit précédemment, sont faites à partir d'os et de muscles de la vache, ainsi que les vitamines dérivées du poisson, du bœuf ou de sous-produits laitiers. La plupart des magasins d'aliments naturels proposent des vitamines conçues spécifiquement pour les végétariens. L'étiquette mentionne clairement qu'elles conviennent aux végétariens ou aux végétaliens.

Vous pouvez également enrichir votre diète avec des protéines végétariennes en poudre. Préparez-vous des laits frappés avec des fruits frais, du lait de soja à la vanille, sans gras, avec une cuillerée de protéines en poudre. La plupart des poudres (vendues dans les magasins d'aliments naturels) contiennent une grande variété de vitamines et minéraux. Évitez de doubler la dose de suppléments avec une multivitamine et un lait frappé. Un autre ingrédient à mettre dans un lait de soja frappé, au lieu des protéines en poudre, serait du tofu soyeux, qui rendra votre mélange fouetté épais et crémeux, tout en fournissant un apport en protéines. Si vous êtes végétalien, inspectez la liste des ingrédients des protéines en poudre pour vérifier s'ils ne sont pas tirés de sous-produits du lait ou de petit-lait.

En ce qui concerne les suppléments, l'American Dietetic Association et les associations de diététistes, en général, considèrent que :

> Les régimes végétariens planifiés de façon appropriée sont sains, adéquats sur le plan nutritionnel, et bénéfiques dans la prévention et le traitement de certaines maladies. Les régimes végétariens, y compris les régimes végétaliens, peuvent satisfaire aux recommandations actuelles pour tous les nutriments clés. Dans certains cas, l'usage d'aliments enrichis ou de suppléments peut être utile. La diversité des pratiques diététiques des végétariens impose l'évaluation individuelle des apports alimentaires.

De plus, l'American Dietetic Association précise que « lorsqu'on élimine tous les aliments d'origine animale [...] les végétaliens doivent s'appuyer sur les aliments enrichis et les suppléments ».

Suggestions nutritionnelles quotidiennes pour les végétariens

Plusieurs d'entre nous ont appris à connaître les « groupes alimentaires » à l'école primaire. Selon les croyances diététiques de l'époque, nos professeurs enseignaient que nous devions manger de la viande et des produits laitiers pour demeurer en santé.

Aujourd'hui, nos connaissances ont évolué ! Nous possédons un outil nommé « pyramide alimentaire » permettant de planifier nos décisions alimentaires quotidiennes pour une meilleure santé. Voici des suggestions pour vos repas quotidiens, adaptées pour les végétariens. Après chaque catégorie d'aliments, nous précisons le nombre de portions quotidiennes recommandées par la pyramide alimentaire. Sous chaque catégorie d'aliments, nous donnons des exemples de portions individuelles.

— **Huiles et autres matières grasses :** consommer en petites quantités
- ⅛ d'avocat
- 5 ml (1 c. à thé) d'huile
- 5 ml (1 c. à thé) de beurre ou de margarine
- 30 ml (2 c. à soupe) de crème 10 %
- 15 ml (1 c. à soupe) de sauce pour salade
- 30 ml (2 c. à soupe) de sauce pour salade faible en gras

— **Lait et substituts :** 2–3 portions recommandées chaque jour *
- lait : 250 ml (1 tasse)
- yogourt : 250 ml (1 tasse)
- fromage nature : 50 g (1½ oz)

* Les végétariens qui décident de ne pas consommer de lait, de yogourt ou de fromage doivent choisir d'autres aliments riches en calcium, comme les laits de soja et de riz enrichis.

— **Haricots secs, graines, œufs et substituts de viande :** 2–3 portions recommandées chaque jour
- lait de soja : 250 ml (1 tasse)
- haricots ou pois secs cuits : 125 ml (½ tasse)
- 1 œuf ou 2 blancs d'œuf
- noix ou graines : 30 ml (2 c. à soupe)
- tofu ou tempeh : 60 ml (¼ tasse)
- beurre d'arachide : 30 ml (2 c. à soupe)

— **Légumes :** 3–5 portions recommandées chaque jour
- légumes hachés, crus ou cuits : 125 ml (½ tasse)
- légumes-feuilles crus : 250 ml (1 tasse)

— **Fruits :** 2–4 portions recommandées chaque jour
- jus : 125 ml (½ tasse)
- fruits séchés : 60 ml (¼ tasse)
- fruits crus hachés : 125 ml (½ tasse)
- fruits en conserve : 125 ml (½ tasse)
- 1 fruit moyen, comme une banane, pomme ou une orange

— **Produits céréaliers :** 6–11 portions recommandées chaque jour
- bagel : un demi
- pain : 1 tranche
- céréales cuites : 125 ml (½ tasse)
- riz, pâtes alimentaires ou autres céréales, cuits : 125 ml (½ tasse)

Informations nutritionnelles

Comme nous le mentionnions plus tôt, il existe trois types de nutriments dans la nourriture : les lipides, les glucides et les protéines. Plusieurs diètes populaires et certains mythes culturels ont engendré de la confusion autour de leurs propriétés nutritionnelles. Lorsqu'on veut devenir végétarien, il est encore plus important d'éclaircir ces choses.

Les lipides. Certaines personnes sont attirées par des diètes sans gras, même s'il est vrai que le « gras est notre ami ». Cependant, certains d'entre nous en ont fait un trop grand ami de cœur ! Manger moins de matière grasse est une bonne idée, mais *éliminer* tout le gras de son alimentation est bête et dangereux. Nombreuses sont les fonctions des lipides dans l'organisme :

- Les matières grasses sont utilisées par le corps comme source d'énergie ;
- Les matières grasses nous procurent une isolation qui garde le corps au chaud ;
- Les matières grasses transportent et entreposent les vitamines liposolubles ;
- Les acides gras essentiels, linolénique et linoléique, proviennent uniquement des lipides que nous consommons ;
- Toutes les cellules de notre corps sont composées d'une couche de gras et de protéines ;
- Manger des matières grasses nous donne une sensation de satiété.

Lorsque que nous ne consommons pas assez de lipides, nous sommes en carence dans tous ces domaines. Dix pour cent de gras dans l'alimentation est un but louable, mais la plupart des gens ont de la difficulté à atteindre ce seuil. Vingt pour cent de matières grasses est sain et plus facile à gérer. Cependant, l'Américain moyen tire actuellement environ 40 pour cent de ses calories des matières grasses.

En tant que végétarien, vous risquez de commencer à consommer des quantités excessives de produits laitiers. S'ils sont entiers, ou même partiellement écrémés, votre pourcentage de matières grasses peut facilement augmenter. Ensuite, évitez ce piège courant vous incitant à penser que les produits « sans gras » sont faibles en calories. Les calories excessives, peu importe leur source, même s'il s'agit d'aliments sains et végétariens, nous font prendre du poids si la quantité de calories excède nos besoins quotidiens.

Les glucides. Manger sainement implique également d'éviter ou de réduire la quantité de sucre dans son alimentation. Les sucres font partie de la famille des glucides. Il existe des sucres simples et complexes. Le sucre de table, le miel et la mélasse sont des exemples de sucres simples. Le pain, le riz, les haricots et les pommes de terre sont des exemples de sucres complexes.

Les fruits et les légumes oscillent entre les deux. Lorsque nous transformons les fruits et les légumes en jus, ils agissent comme des sucres simples. Lorsque nous les utilisons nature, ils penchent du côté des sucres complexes. C'est une très bonne idée de manger moins de sucres simples, comme le sucre de table, le miel ou la mélasse.

Avant d'aller plus loin, prenons le temps de chasser ce mythe voulant que le pain nous fasse engraisser. Les glucides ne font pas engraisser par eux-mêmes. Ce que nous mettons *dessus* nous fait engraisser. Le pain ne contient qu'une faible quantité de matière grasse, mais si vous le tartinez de beurre, vous ajoutez du gras. Les pâtes alimentaires ne sont pas un aliment qui fait grossir, mais si vous les nappez de sauce Alfredo, vous obtenez un aliment riche en gras. Remplacez la sauce Alfredo par une sauce marinara, et vous revenez à un plat faible en gras. Une pomme de terre au four ne contient pas de gras, mais si vous ajoutez du beurre, de la crème sure ou du fromage, la quantité de matières grasses augmente.

Certains glucides provenant des aliments transformés sont riches en gras. Pensons aux croustilles, aux frites, aux croissants, aux muffins et aux beignets. N'oubliez pas que les glucides, tout comme les lipides, sont nos amis. Ils nous fournissent de l'énergie pour vivre, pour penser et pour bouger. Concentrez-vous sur les sucres complexes provenant du pain, des céréales, des pâtes alimentaires, du riz, des pommes de terre et des haricots. Limitez votre consommation de sucres simples, comme ceux que l'on retrouve dans les biscuits, les gâteaux, les tartes et la crème glacée.

Les protéines. L'Américain moyen consomme deux à quatre fois la quantité de protéines de source animale dont il a besoin. Aux États-unis, la quantité de protéines recommandée pour un adulte en santé est de 0,36 g de protéines par 454 g (1 lb) de poids corporel. L'apport recommandé pour une femme ou un homme adulte pesant 135 lb (61 kg) est de 0,36 X 135 = 49 g de protéines (ou 1¾ oz). Cette mesure inclut une marge de sécurité : on peut considérer qu'elle se situera en deçà des besoins de tout individu de 135 lb. L'apport recommandé pour un adulte pesant 180 lb (82 kg) est de 0,36 X 180 = 65 g de protéines (ou 2½ oz).

Pour vous donner une idée de ce que cela représente, 85 g (3 oz) équivalent à la taille d'un jeu de cartes ou d'une cassette audio. Pour obtenir d'autres exemples sur la façon de combler vos besoins en protéines, voyez la section « Combler ses besoins en protéines » à la page 84.

Si vous êtes végétalien, la consommation d'au moins 250 à 500 ml (1 à 2 tasses) de légumineuses cuites chaque jour vous assurera d'un apport suffisant en protéines — la moitié pouvant provenir d'un lait frappé fait avec 250 ml (1 tasse) de tofu soyeux.

Si vous consommez des œufs, du lait, du fromage, du yogourt, du poisson, de la dinde ou du poulet, vous n'avez pas à vous en faire avec la question des protéines. Plus vous éliminez ou limitez les produits animaux dans votre alimentation, plus il y a de risque que vous deviez supplémenter les protéines.

Dernières remarques sur les protéines

1. **Classer les protéines complètes versus incomplètes est trompeur.** Toutes les protéines végétales sont complètes. Elles procurent tous les acides aminés nécessaires à la santé, seulement en quantités variées. Nous considérons habituellement que la viande et les autres produits animaux sont les meilleures sources de protéines, mais dans la réalité, une diète basée sur les aliments végétaux parvient facilement à combler tous nos besoins en protéines.

2. **La « combinaison de protéines » signifie qu'il faut manger divers aliments riches en protéines toute la**

journée (par exemple, plusieurs portions de produits céréaliers, de haricots, de légumes et de noix ou graines). Les protéines contenues dans ces aliments se mélangent aux acides aminés produits naturellement par l'organisme (connus sous le nom d'« endogènes »), pour produire des protéines de grande qualité.

3. **Manger une combinaison de produits végétaux améliore la qualité globale des protéines contenues dans ces aliments.**

4. **Un apport adéquat en calories est important pour combler les besoins en protéines.** Lorsque l'apport calorique est insuffisant, les besoins en protéines augmentent.

5. **Tout le monde, sans exception, et cela inclut les végétariens, consomme plus de protéines qu'il n'en a besoin.** Il n'existe aucun avantage à consommer trop de protéines.

Combler ses besoins en protéines
(basé sur une diète de 1 800 calories/jour)

Groupe alimentaire	**Portion**	**Protéines** (g/portion)	**Nombre de portions** (recommandé chaque jour)	**Protéines** (total en g)
Pain/légumes féculents *	125 ml (½ tasse) ou 1 tranche	3	10	30
Haricots, pois et lentilles	125 ml (½ tasse)	7	3	21
Légumes (non féculents)	125 ml (½ tasse)	2	5	10
Fruits	125 ml (½ tasse) ou 1 moyen	0,5	4	2
Lait	250 ml (8 oz)	8	2	16
Huiles/matières grasses	variable	0	4	0

*Exemples de légumes féculents : pomme de terre, patate douce, maïs, haricots au four, macédoine de légumes (maïs et petits pois), plantain, courge (poivrée ou musquée).

Équivalents végétariens en protéines

Voici une liste d'aliments végétariens qui fournissent de 10 à 16 g de protéines :

- Pain : 4 tranches = 12 g
- Riz complet : 500 ml (2 tasses) de riz cuit = 10 g
- Fèves de soja vert entières : 250 ml (1 tasse) cuites = 14 g
- Pâtes alimentaires : 500 ml (2 tasses) cuites = 12 g
- Graines de sésame : 60 ml (¼ tasse) = 10 g
- Lait de soja : 375 ml (1½ tasse) = 10 g
- Graines de tournesol : 125 ml (½ tasse) = 16 g
- Tofu : 125 ml (½ tasse) = 10 g

Vitamine D

À travers les âges, l'exposition au soleil nous a fourni des quantités suffisantes de vitamine D. Les gens à la peau plus pâle doivent s'exposer au soleil de 20 à 30 minutes quotidiennement (en évitant les heures de soleil intense, bien sûr), pour obtenir des quantités adéquates de vitamine D. Les gens avec une plus grande pigmentation et une couleur de peau plus foncée doivent s'exposer davantage pour obtenir des quantités similaires de vitamine D.

Cependant, le smog, les écrans solaires, vivre dans une région nordique et passer moins de temps à l'extérieur sont des facteurs qui réduisent le temps d'exposition au soleil. Pour ces raisons, des aliments enrichis sont habituellement nécessaires pour fournir de la vitamine D de source alimentaire.

Une source régulière de vitamine D alimentaire est recommandée pour ceux et celles qui ne s'exposent pas suffisamment au soleil ou qui ont une peau plus foncée. Le lait est enrichi de vitamine D, tout comme certaines marques de lait de soja, de lait de riz et plusieurs céréales du commerce.

Vitamine B_6

Les besoins en vitamine B_6 sont intimement liés à l'apport en protéines, puisqu'elle collabore avec plus de 60 enzymes pour aider au métabolisme des acides aminés. Puisque les végétariens consomment au total moins de protéines animales que les omnivores, ils n'ont pas autant besoin de métaboliser les acides aminés. Par conséquent, ils ont besoin de moins de vitamine B_6. La proportion de vitamine B_6 par rapport aux protéines dans les aliments végétaux est supérieure à celle des aliments animaux. La vitamine B_6 provenant des végétaux est aussi plus stable que celle provenant des aliments d'origine animale.

Certaines personnes s'inquiètent de la controverse entourant une alimentation riche en fibres et l'assimilation de la vitamine B_6. Toutefois, les études montrent que, dans la plupart des communautés, une ingestion élevée de fibres ne semble pas interférer avec le statut de la B_6. La vitamine B_6 se retrouve dans différents groupes d'aliments d'origine végétale. Les bonnes sources comprennent plusieurs céréales prêtes à manger, les pommes de terre, les bananes, les figues, les pois chiches, les fèves de soja et la levure de bière.

Minéraux

La plupart des minéraux se retrouvent largement dans une diète végétarienne basée sur les aliments végétaux. Cependant, trois minéraux font exception : le calcium, le fer et le zinc. Vous devez savoir quels aliments contiennent ces trois minéraux pour vous assurer d'ingérer les bonnes quantités de nutriments.

Calcium

Les aliments végétaliens qui suivent sont des sources de calcium :

- Aliments enrichis en calcium (lait de soja ou de riz, jus d'orange, etc.) ;
- Tofu produit avec du sulfate de calcium (vérifiez sur l'étiquette) ;
- Mélasse noire ;
- Yogourt de soja du commerce ;
- Noix de sésame et amandes ;
- Certains légumes-feuilles foncés (chou vert, chou frisé, feuilles de moutarde)
- Noix et graines
- Tortillas faites avec du maïs traité à l'eau de chaux
- Tofu coagulé avec du calcium
- Légumineuses

La plupart des lacto-ovo-végétariens comblent ou dépassent habituellement leurs besoins en calcium. Les études montrent que lorsqu'on consomme des protéines animales, on doit augmenter l'ingestion de calcium. Par conséquent, les végétaliens ont besoin de moins de calcium puisqu'ils n'ingèrent pas de protéines d'origine animale. Les végétaliens qui ont une alimentation faible en sodium ont besoin d'encore moins de calcium.

Plusieurs personnes s'inquiètent de leur ingestion de calcium. Elles pensent que si elles ne consomment pas assez de calcium, elles vont souffrir d'ostéoporose. Or, la santé des os repose sur de nombreux facteurs autres que la diète :

- Activité physique pratiquée de façon régulière, particulièrement les exercices sollicitant le squelette, comme la course à pied, le vélo ou les exercices avec des poids ;
- Exposition suffisante au soleil ou consommation d'aliments enrichis en vitamine D ;
- Consommation excessive de sodium (à éviter) ;
- Ingestion quotidienne d'aliments végétaux riches en calcium et des aliments enrichis en vitamine D ;
- Facteurs héréditaires (si des membres de votre famille ont eu des problèmes des os) ;
- D'autres facteurs, comme l'ingestion élevée de sodium, d'alcool, de caféine et de protéines animales (à éviter) ; et un mode de vie sédentaire (à éviter).

Deux façons de s'assurer d'avoir des os forts

1. **Consommez des aliments et boissons enrichis en calcium, dont :**

- Lait et substituts de lait enrichi en calcium
- Légumes vert foncé, comme brocoli, chou vert, bok choy, chou chinois ou chou frisé
- Tofu enrichi en calcium
- Noix et graines de sésame
- Aliments asiatiques, comme les sushis faits avec l'algue « nori » ou « nori-maki » ou d'autres légumes marins comme le hijiki ou les algues séchés
- Aliments étiquetés « enrichis en calcium », tel le jus d'orange

2. **Faites régulièrement de l'exercice,** en combinant des exercices cardio-respiratoires et des exercices sollicitant le squelette, comme la marche rapide, le jogging, le cyclisme, monter des escaliers ou travailler avec des appareils musculaires stationnaires en salle d'entraînement.

Fer

Les aliments qui suivent sont des sources de fer :

- Céréales pour le petit-déjeuner enrichies de fer
- Tofu
- Grains entiers
- Légumineuses
- Légumes-feuilles verts
- Fruits séchés

Il existe deux formes de fer dans les aliments : héminique et non-héminique. Le fer héminique se retrouve uniquement dans les produits animaux comme le bœuf, tandis que le fer non-héminique se retrouve dans les aliments végétaux comme les grains entiers, les légumineuses, les noix et les graines. Les recherches récentes montrent qu'il existe certains avantages à consommer principalement, ou uniquement, le fer sous sa forme non-héminique.

L'apport quotidien recommandé (AQR) en fer, pour un homme et une femme adultes, est respectivement de 10 mg et 15 mg.

Choix d'aliments pour atteindre l'apport quotidien recommandé en calcium

Aliment	Teneur en calcium (mg)
125 ml (½ tasse) de riz complet cuit	10
1 tranche de pain de blé entier	20
Muffin anglais	92
125 ml (½ tasse) de brocoli cuit	89
125 ml (½ tasse) de chou vert cuit	178
125 ml (½ tasse) de tofu	120 à 350
250 ml (1 tasse) de haricots cuits	86
30 ml (2 c. à soupe) de beurre d'amande	86
750 ml (3 tasses) de lait de soja	252
15 ml (1 c. à soupe) de mélasse noire	187
1 orange	56
Total	**1,176 à 1,406**

La vitamine C peut favoriser l'absorption du fer non-héminique. Soixante-quinze milligrammes de vitamine C, contenus dans 150 ml (5 oz) de jus d'orange, peuvent augmenter jusqu'à quatre fois l'absorption du fer. Pour profiter de cette action, les sources de vitamine C et de fer doivent être consommées environ au même moment.

Les phytates (grains entiers et légumineuses), les oxalates ou les tannins (contenus dans le thé et les épices indiennes : curcuma, coriandre, chiles et tamarin) diminuent tous l'absorption du fer non-héminique. La bonne nouvelle est qu'un apport de 25 à 75 mg de vitamine C — contenu dans 60 à 125 ml (¼ à ½ tasse) de jus d'orange — augmente de deux à quatre fois l'absorption du fer non-héminique. Les légumineuses inhibent également l'absorption du fer, mais cela peut également être minimisé par l'ingestion de vitamine C.

Deux étapes pour vous assurer d'un apport suffisant en fer et de réserves de fer adéquates dans l'organisme :

1. **Mangez des aliments riches en fer,** comme des céréales enrichies, du tofu, des grains entiers et des légumineuses.

2. **Mangez des aliments riches en vitamine C,** comme les agrumes, les baies, le brocoli, le chou-fleur et les légumes-feuilles foncés.

Zinc

Dans l'alimentation américaine, la majorité (70 %) du zinc provient des produits animaux, de la viande en particulier. Malgré cela, les végétariens occidentaux semblent recevoir suffisamment de zinc. Les aliments végétaux qui représentent des sources de zinc comprennent les grains entiers, les noix, le tofu et les légumineuses.

Le point de départ

Le point de départ consiste à augmenter votre consommation de produits faits de grains entiers, de produits laitiers faibles en gras, de fruits et légumes. Il faut également diminuer votre consommation de viandes grasses et frites, d'aliments riches en sodium, en sucre et en protéines.

Vous pouvez y arriver

Les gens sont parfois intimidés de faire leurs courses dans des boutiques d'aliments naturels ou spécialisés. C'est pourquoi ils continuent de fréquenter leur épicerie habituelle, parce que cela les sécurise. Ils se demandent comment ils vont se sentir dans un nouveau type de magasin, et s'ils ne seront pas désorientés par des produits aux noms exotiques.

Nous trouvons que les magasins d'aliments naturels possèdent une ambiance conviviale et chaleureuse qui fait défaut dans les supermarchés traditionnels. L'atmosphère y est aussi plus sereine, alors qu'elle peut être fébrile dans les supermarchés. Puisque la nourriture absorbe l'énergie qui l'entoure, nous choisissons rarement de faire les courses au supermarché.

Le plus grand avantage des magasins d'aliments naturels, c'est qu'on y trouve une vaste sélection de produits biologiques. Bien sûr, les produits biologiques sont un peu plus chers que les denrées du supermarché, mais combien de fois vous est-il arrivé d'acheter des fruits ou des légumes et de les voir flétrir au réfrigérateur en un rien de temps ? Ou peut-être n'avez-vous pas mangé le produit parce qu'il était fade, puisque la plupart des fruits et légumes du supermarché sont cueillis avant maturité.

Les fruits et légumes du magasin d'aliments naturels, par contraste, sont savoureux et riches en nutriments. Non seulement sont-ils mûris sur le plant, mais l'agriculture biologique favorise la formation de sols riches. Le sol, en retour, incite les plantes à produire des fruits et des légumes remplis de vitamine, de minéraux, de fibres et de saveur. Ainsi, le surplus de prix est un investissement dans des produits que vous serez plus motivé à manger.

Le consommateur averti protestera peut-être ainsi : « Mais je ne peux pas utiliser de coupons rabais avec les marques de produits vendus dans les magasins d'aliments naturels ! » Oui, mais avez-vous pensé à la façon dont les marques commerciales d'aliments affectent la santé mentale et physique de votre famille ? Regardez la liste des ingrédients sur les boîtes d'aliments pour lesquels vous pouvez économiser 50 sous avec un coupon. Il est fort probable qu'ils sont bourrés d'agents de conservation, de sucre et de colorants artificiels. Pensez à la façon dont ces additifs affectent le comportement de vos enfants, et vous verrez que les aliments biologiques plus dispendieux vous feront économiser, à long terme du temps, des sous et des maux de tête.

De plus, si votre famille ou vous consommez encore de la viande ou des produits laitiers, vous trouverez dans les magasins d'aliments naturels un grand choix de produits animaux biologiques et élevés en liberté en pâturage. La viande, les œufs, les fromages, le lait, la crème sure et les glaces proviennent d'animaux qui auront été traités humainement. Ils seront exempts d'hormones de croissance, de pesticides ou d'autres produits indésirables.

La plupart des magasins d'aliments naturels engagent du personnel bien informé qui peut vous aider à choisir les suppléments de vitamines et minéraux. Ils offrent également des produits de beauté et de toilette « sans cruauté ». De nombreux savons et produits de maquillage commerciaux comportent des ingrédients animaux, ou ont été testés de façon inhumaine sur les animaux. Votre style de vie végétarien implique davantage que la simple alimentation. Il implique également de choisir des articles de toilette et de nettoyage sans produits animaux et sans danger pour l'environnement.

Vous pouvez trouver le magasin d'aliments naturels le plus près de chez vous en regardant sous les rubriques « Produits naturels — détaillants » et « Aliments naturels et biologiques » des pages jaunes. Vous voudrez peut-être aussi vérifier par téléphone lequel de ces magasins offre les produits ou les ingrédients que vous cherchez. Lorsque vous allez dans un nouveau magasin, il est souvent pratique d'apporter votre liste d'épicerie. Vous pouvez créer votre liste à partir d'une recette ou en regardant ce qu'il manque dans votre garde-manger.

Ensuite, faites vos courses tôt le matin, à l'ouverture du magasin ou quelques heures avant sa fermeture. Ce sont habituellement des moments où l'achalandage est moindre, ce qui vous fera gagner du temps. Le personnel de l'établissement, alors moins sollicité, sera également plus disponible pour répondre à vos questions.

Si votre ville ne possède pas de magasins d'aliments naturels, vous pouvez demander au gérant de votre épicerie locale de commander des produits pour vous. Plusieurs supermarchés possèdent maintenant des rayons de produits naturels et biologiques. Une autre possibilité consiste à commander ces produits en ligne sur les sites Internet offrant des aliments naturels (ils sont inscrits dans la section *Ressources* de ce livre).

Substitutions pour cuisiner

La variété dans vos repas apporte un équilibre, qui est la clé de la vitalité. Cela implique de manger certains aliments crus et d'autres cuits, tout en diminuant la consommation d'aliments riches en gras, en sucre et en sodium.

Voici quelques substitutions que vous pouvez faire en cuisinant, pour utiliser des aliments d'origine végétale :

Aliment d'origine animale	Substituts végétariens
250 ml (1 tasse) de lait	250 ml (1 tasse) de lait de soja ou de riz
1 œuf	un morceau de 5 cm (2 po) de tofu (réduit en purée), ou 15 ml (1 c. à soupe) de farine de soja mélangé à 15 ml (1 c. à s.) d'eau , ou 60 ml (¼ t.) de substitut d'œuf, ou ½ banane écrasée, ou 80 ml (⅓ t.) de compote de pommes ou de citrouille en conserve, ou 30 ml (2 c. à s.) de fécule de maïs
250 ml (1 tasse) de ricotta	250 ml (1 tasse) de tofu ferme (réduit en purée)
250 ml (1 tasse) de yogourt	250 ml (1 tasse) de tofu (mélangé)
15 ml (1 c. à soupe) de beurre	15 ml (1 c. à s.) de compote de pomme, de purée de fruits ou de margarine de soja

Certaines recettes demandent des œufs parce qu'ils lient les ingrédients en cuisant. Quelques agents liants végétariens peuvent être utilisés au lieu des œufs, comme la compote de pommes, la purée de pommes de terre, la chapelure fine ou du gruau cuit. Vous pouvez également remplacer les produits laitiers demandés dans les recettes. Les magasins d'aliments naturels proposent des versions à base de soja de la crème sure, de la mayonnaise, de la sauce pour salade et du yogourt. Nous n'avons pas trouvé de substituts non-laitiers du fromage qui soient à notre goût, et plusieurs substituts de fromage contiennent de la caséine. Puisque la caséine est un sous-produit laitier, les végétaliens voudront l'éviter.

Si vous gardez quelques produits de base sous la main, votre cuisine deviendra vite conviviale pour les végétariens. Par exemple, ayez du bouillon de légumes ou des cubes de bouillon de légumes pour faire un riz pilaf ou une soupe. Pour ajouter un peu de saveur lorsque vous êtes pressé, faites en sorte de garder dans vos armoires du vinaigre balsamique, de la sauce aux arachides, de la sauce barbecue, des sauces soja et tamari, de la moutarde, du ketchup et de la sauce épicée. Gardez des substituts de viande en réserve pour le dépannage, comme des burgers végétariens congelés, des saucisses au tofu, des saucisses au soja et des charcuteries végétariennes. Prenez l'habitude d'acheter automatiquement du brocoli, de la laitue, des carottes et d'autres légumes biologiques. Plusieurs magasins d'aliments naturels vendent des légumes pré-coupés ou râpés, ce qui vous permettra de gagner du temps à la maison.

Suggestions de repas rapides et casse-croûte végétariens

- Un bagel avec du beurre d'amande et un morceau de fruit
- Une soupe aux légumes en conserve, avec une salade et du pain
- Un riz pilaf, fait à partir d'une préparation, mélangé avec une macédoine de légumes vapeur
- Un muffin au son et un jus de fruits
- Mélange de noix et jus de fruits
- Spaghettis avec une sauce déjà préparée
- Burritos aux haricots faits avec des haricots en conserve et des tomates hachées

Ligne directrice pour réduire les matières grasses dans les plats végétariens

Réduisez les produits à tartiner gras, comme le beurre, la margarine et le beurre d'arachide. Remplacez-les par les aliments suivants :

- Pâte à tartiner faite d'une purée de haricots cuits, d'oignon, de céleri, de fines herbes et de jus de citron ou de salsa ;
- Tartinade de fruits faite de fruits séchés réduits en purée avec de l'eau ou du jus de fruits ;
- Tofu faible en gras réduit en purée avec des fines herbes et du jus de citron, pour faire une trempette ou une pâte à tartiner ;

- Vous pouvez réduire le gras dans les plats maison en coupant l'huile ou la margarine de 25 % ou plus dans une recette. Ou remplacez un peu de matière grasse dans les recettes par des bananes écrasées, du tofu ou des prunes réduits en purée. Puisque la matière grasse intensifie les saveurs, il pourra être nécessaire d'augmenter les quantités d'extrait de vanille ou d'épices dans les mets faibles en gras.

Voici d'autres façons de réduire les matières grasses dans vos plats végétariens :

- Faites sauter les oignons et les autres légumes de vos recettes avec du xérès, du vin sec, du bouillon de légumes, du jus de tomate ou du jus de pomme au lieu de l'huile ;
- Parfumez vos plats avec des exhausteurs de saveur sans gras, comme les tomates séchées, le gingembre frais, le jus de citron ou de lime frais, et les herbes fraîches ;
- Utilisez du tofu faible en gras au lieu du tofu ordinaire ;
- Mélangez du tofu faible en gras dans les recettes qui demandent de la crème. Épaississez les soupes et les sauces avec une purée de légumes, de légumineuses ou de pommes de terre.

APPENDICE A

Consommation optimale de vitamines et minéraux

«Chaque fois que nous faisons souffrir ou mourir n'importe quel autre être, nous faisons souffrir la grande force vitale.»

— Shik Po Chih

Suppléments de vitamines pour un adulte

*__Vitamine A__ (provenant de la bétacarotène) : 5 000–25 000 UI
Vitamine A (rétinol) : 5 000 UI
Vitamine B_1 (thiamine) : 10–100 mg
Vitamine B_2 (riboflavine) : 10–50 mg
Vitamine B_6 (pyridoxine) : 25–100 mg
Vitamine B_{12} (cobalamine) : 400 mcg
Biotine : 100–300 mg
Vitamine C (acide ascorbique) : 100–1 000 mg
Choline : 10–100 mg
Vitamine D : 100–400 UI
**__Vitamine E__ (alpha tocophérol) : 100–800 mg
Acide folique : 400 mcg
Inositol : 10–100 mg
Vitamine K (phytonadione) : 60–300 mcg
Niacine : 10–100 mg
Niacinamide : 10–30 mg
Acide pantothénique : 25–100 mg

*Les femmes en âge de procréer ne devraient pas prendre plus de 2 500 UI de vitamine A chaque jour s'il y a possibilité de grossesse, à cause du risque d'anomalies congénitales.

**Les personnes âgées vivant en maison de santé dans les régions nordiques devraient prendre un supplément de vitamine E équivalent à la valeur supérieure.

Suppléments de minéraux pour un adulte

Bore : 1–6 mg
Calcium : 250–1 500 mg
Chrome : 200-400 mcg
Cuivre : 1–2 mg
Iode : 50–150 mcg
Fer : 15–30 mg
Magnésium : 250–500 mg
Manganèse : 10–15 mg
Molybdène : 10–25 mcg
Potassium : 200–500 mg
Sélénium : 100–200 mcg
Silice : 25 mg
Vanadium : 50–100 mcg
Zinc : 15–45 mg

(Tiré de *Encyclopedia of Natural Medicine,* par M. Murray et J. Pizzorno, Prima Publishing, 1998.)

APPENDICE B

Prendre soin de la Terre

« Si nous mangeons la chair des créatures vivantes, nous détruisons les semences de la compassion. »

— tiré du *Sûtra Shurangama*, un texte bouddhiste

Manger des animaux est très préjudiciable à l'environnement. Voici quelques découvertes récentes transmises par EarthSave International :

1. Les Nations Unies révèlent qu'en raison de pêches excessives, dix-sept des plus grands bassins de pêche du monde ont atteint ou dépassé leurs limites naturelles.

2. Tout comme les zones de pêches, les parcours ou fourrages naturels sont broutés à la limite ou au-delà de leur rendement

admissible. Le bétail qui broute fait du tort à environ 20 % de toutes les espèces menacés ou en voie de disparition aux États-Unis.

3. En Amérique latine, l'élevage bovin pour le marché local et international alimente la destruction de l'irremplaçable forêt humide équatoriale. Le 12 octobre 1995, le *New York Times* révélait que « les incendies en Amazonie ont atteint leur pire niveau à vie ». La principale cause des incendies est le défrichement des forêts par le feu, visant à créer des pâturages pour le bétail.

4. Les engrais, pesticides et autres arrosages des fermes du Midwest (dont la plupart cultivent du grain pour les animaux d'élevage) ont créé une vaste étendue stérile dans le golfe du Mexique. En 1995, cette soi-disant zone sinistrée avait atteint 64 374 km carrés (40 000 miles carrés), soit environ la taille du New Jersey. N'oublions pas que 70 % du grain cultivé aux États-Unis sert à nourrir le bétail. Le lien entre nos choix alimentaires et de telles tragédies environnementales devient vite apparent.

5. Trente-huit pour cent de la production mondiale de céréales, 70 % du grain cultivé aux États-Unis, et un tiers du produit de la pêche mondiale servent directement à alimenter le bétail. Au Mexique, où 22 % des habitants souffrent de malnutrition, 30 % des céréales servent à nourrir le bétail.

6. Il faut jusqu'à 9 466 l (2 500 gallons) d'eau et environ 5,44 kg (12 lb) de grain pour produire 454 g (1 lb) de bœuf de boucherie.

Il faut 2,72 kg (6 lb) de grain et jusqu'à 2 499 l (660 gallons) d'eau pour produire 454 g (1 lb) de poulet. La production d'un œuf demande 11,4 l (3 gallons) d'eau.

7. Quatre-vingt-cinq pour cent des terres arables aux États-Unis sont gaspillées pour la culture, le pâturage, le fourrage naturel et les terrains forestiers, en raison de l'élevage du bétail.

8. Environ la moitié de l'énergie utilisée dans l'agriculture américaine passe dans l'élevage du bétail.

9. Aux États-Unis, le fumier produit par les animaux d'élevage équivaut environ à dix fois les déchets produits par tous les habitants du pays. La Belgique, les Pays-Bas et la France produisent aujourd'hui plus de fumier que ne peuvent en absorber leurs sols.

10. Chaque année, en Amérique centrale et en Amérique du Sud, 2 millions d'hectares (5 millions d'acres) de la forêt humide équatoriale sont abattus pour créer des pâturages pour le bétail.

11. La demande européenne pour les cuisses de grenouille importées a décimé les populations de grenouille en Inde et au Bangladesh.

12. Le prix de la viande doublerait ou triplerait si tous les coûts écologiques, incluant l'utilisation des carburants fossiles, l'épuisement de l'eau potable et la pollution chimique causée par l'agriculture, étaient inclus dans le prix de vente.

13. Voici les quantités d'aliments comestibles que l'on peut produire sur 0,4 hectare (1 acre) de terrain :

- Cerises : 2 268 kg (5 000 lb)
- Haricots verts : 4 536 kg (10 000 lb)
- Pommes : 9 072 kg (20 000 lb)
- Carottes : 13 608 kg (30 000 lb)
- Pommes de terre : 18 144 kg (40 000 lb)
- Tomates : 22 680 kg (50 000 lb)
- Céleri : 27 216 kg (60 000 lb)
- Bœuf : 113,4 kg (250 lb)

Votre portefeuille et ce que vous choisissez d'acheter ont un impact considérable sur l'environnement. Il existe une théorie appelée le « centième singe », qui stipule que si un certain nombre d'entre nous adoptent une habitude saine, le monde entier « penche » dans cette direction saine. En d'autres mots, tout le monde profite du petit pourcentage de la population qui agit de façon saine. En suivant cette théorie du centième singe, aussitôt que suffisamment de gens décideront de réduire, de limiter de façon importante ou d'éliminer les aliments d'origine animale de leur alimentation, nous assisterons à une guérison spectaculaire de la Terre. La Terre, tout comme notre corps, est très clémente, et elle veut guérir.

RESSOURCES*

Aesop, Inc. : « Des souliers, des ceintures sans cuir, etc. » Un merveilleux site pour ceux qui se préoccupent du sort des vaches souffrant inutilement pour les besoins de la mode. Photographies, descriptions et informations pour commander des souliers, des sandales, des bottes, des souliers de sport et de marche, des bottes de cow-boy, des ceintures, des portefeuilles, des bourses et des porte-documents sans cuir, pour les hommes et les femmes.
Site Internet : **aesopinc.com** • Télécopieur sans frais : (866) 235-9037

All4Vegan : Une source de renseignements sur le végétalisme, un babillard, des informations sur la façon d'élever les enfants avec le végétarisme, ainsi que des liens vers des clubs sociaux de célibataires et couples végétaliens.
Site Internet : **www.all4vegan.net**

EarthSave International : EarthSave International dirige un mouvement global de gens provenant de divers horizons qui font des actions concrètes pour promouvoir des choix alimentaires sains et respectueux de la vie. EarthSave offre de l'information, du soutien et des programmes pratiques à ceux et celles qui ont conscience que leurs choix alimentaires ont un impact sur la santé humaine et environnementale. Plusieurs sections locales ont des clubs sociaux et de célibataires dynamiques.
Site Internet : **earthsave.org** • Tél. : (831) 423-0293 • Télec. : (831) 423-1313 • Tél. sans frais : (800) 362-3648

*N.d.l.R. : Veuillez noter la majorité des sites Internet suivants sont en anglais seulement.

Gaiam : Un site international de magasinage où vous pouvez commander en ligne des aliments sains et écologiques. Gaiam est associé à Whole Foods Market, ce qui vous permet d'acheter leurs produits à partir d'Internet.
Site Internet : **www.gaiam.com**

Green Market Place : « Produits et aliments écologiques » Ce site Internet vous permet d'acheter des produits domestiques non toxiques, biologiques et recyclés, ce qui inclut des produits de nettoyage, hygiéniques et de toilette.
Site Internet : **greenmarketplace.com** • Tél. : (888) 59-EARTH

New Zealand Vegetarian Society : P.O. Box 77034, Auckland, New Zealand, 1030 • Tél.: (09) 828-9301

NoMeat.com : Une source de renseignements en ligne sur le végétarisme, et pour acheter des substituts de viande.
Site Internet : **www.nomeat.com**

North American Vegetarian Society : Un regroupement d'associations végétariennes régionales. Ce groupe possède le nom et les coordonnées du club végétarien le plus près de chez vous. Devenir membre d'un club végétarien peut vous aider dans votre transition vers une alimentation végétarienne, parce que vous recevrez le soutien des autres membres, tout en obtenant des trucs pratiques et de l'information. Entrez sur le site et suivez le lien « *Affiliates* » pour trouver l'association végétarienne la plus près de chez vous.
Site Internet : **navs-online.org** • Tél. : (518) 568-7970

Organic Kids Club : Un site fantastique pour les enfants de tout âge, qui expose l'abc de l'agriculture et de l'alimentation biologiques.
Site Internet : **www.organics.org/kids_club.php**

People for the Ethical Treatment of Animals (PETA) : Informations végétariennes du point de vue de la compassion pour les animaux. Le site tient une liste à jour des compagnies qui font des tests et des expériences sur les animaux et donne de judicieux conseils sur la façon de promouvoir les droits des animaux.
Site Internet : **www.peta.org**

Vegan Society (Royaume-Uni) : Une organisation pour les végétaliens, basée en Angleterre. Le site Internet donne des renseignements sur le végétalisme et fournit des produits.
Site Internet : **www.vegansociety.com**

Vegan Voice (Australie) : Un bulletin sur le végétalisme, avec un site Internet contenant un babillard, des liens intéressants et de l'information pour devenir végétalien.
Site Internet : **www.veganic.net** • Tél.: (02) 6689-7498

Végéculture : Pour les francophones d'Amérique et d'Europe, ce site est dédié à l'agriculture végétalienne et offre plusieurs liens et ressources pour les amateurs de végétarisme. *(N.d.T)*
Site Internet : **www.vegeculture.net**

Vegetarian Resource Group : Un centre de référence Internet avec des trucs pratiques pour vivre en végétarien, des idées pour

ceux et celles qui voyagent, et une liste des substituts végétariens pour les produits laitiers.
Site Internet : **www.vrg.org**

VeggieDate : Un site de rencontre pour les végétariens et végétaliens, destiné surtout à l'Amérique du Nord. Il comprend également un calendrier des événements végétariens.
Site Internet : **www.veggiedate.com**

VegSource : Un centre de documentation Internet sur le végétarisme, destiné surtout à ceux et celles qui élèvent des enfants, avec un babillard interactif, des liens et de l'information.
Site Internet : **www.vegsource.com**

Whole Foods Market : Un site de référence pour vous aider à trouver le magasin Whole Foods Market le plus près de chez vous. Whole Foods Market est l'un des plus grands détaillants de produits alimentaires biologiques et santé. Pour commander leurs produits en ligne, veuillez consulter l'entrée *Gaiam,* ci-dessus.
Site Internet : **www.wholefoods.com**

Wild Oats Community Market : Un site de référence pour trouver le magasin Wild Oats Community Market le plus près de chez vous. Wild Oats Community Market est l'un des plus grands détaillants de produits alimentaires biologiques et santé. Le site propose également des recettes végétariennes et végétaliennes.
Site Internet : **www.wildoats.com** • Tél. : (303) 440-5220 • Tél. sans frais : (800) 494-9453

BIBLIOGRAPHIE

BERKOFF, Nancy, *Vegan in Volume,* The Vegetarian Resource Group, 2000.

BORGSTROM, George, Congrès annuel de l'American Association for the Advancement of Science.

BROWN, Judith, *Nutrition Now,* West Publishing, 1995.

COURTNEY, Dr. D., Témoignage auprès du Comité sénatorial pour le commerce, sous-comité de l'environnement, 9 août 1974.

EarthSave International's Educational Series no 2, © avril 1997.

GUSTAFSON, Nancy, *Vegetarian Nutrition,* Nutrition Dimension, 1994.

HAVALA, S., DWYER, J., « Position of the American Dietetic Association : Vegetarian diets » in *Journal of the American Dietetic Association,* 1993, vol. 93 : pp. 1317-1319.

Journal of the American Dietetic Association, « Position of the American Dietetic Association : Vegetarian Diets » (1997), volume 97, no 11.

MESSINA, Mark, MESSINA, Virginia, *The Dietitian's Guide to Vegetarian Diets,* Aspen Publication, 1996.

USDA Economic Research Service, *January-February 2001 Outlook.*

Vegan in Volume, The Complete Vegetarian Cuisine, American Dietetic Association.

« Vegetarian Teens » in *Vegetarian Nutrition : A Dietetic Practice Group of the American Dietetic Association,* 1996.

À propos des auteures

Doreen Virtue, Ph. D., détient trois diplômes universitaires en psychologie du counseling. Ancienne directrice des services internes et externes de la clinique des troubles de l'alimentation, le Dr Virtue a écrit de nombreux livres et articles sur les fringales, les troubles de l'alimentation et l'exercice. Elle est l'auteure des livres à succès *The Yo-Yo Diet Syndrome, Constant Craving* et *Libérez vos kilos de souffrance.*

Dans ses ateliers et ses livres, le Dr Virtue intègre son expérience spirituelle à sa formation de psychothérapeute. Elle est devenue végétarienne à l'âge de 17 ans, et a été une végétalienne complète pendant de nombreuses années. Elle aide les autres à intégrer le végétarisme et le végétalisme dans leur vie, et donne des conférences sur les bénéfices spirituels d'une alimentation basée sur les produits végétaux.

Le Dr Virtue est passée à la télévision dans les émissions *Oprah, The View* avec Barbara Walters, *Good Morning America,* au canal CNN, et dans d'autres émissions. Ses articles ont été publiés dans les magazines *Redbook, McCall's, Woman's Day, Vegetarian Times, Shape* et *Fit,* pour ne nommer que ceux-là.

Becky Prelitz, T.C.F., Dt. P., amalgame le corps, l'esprit et l'âme dans ses travaux. Elle a reçu son B.A. en diététique. Puis, à la suite de sa maîtrise en thérapie conjugale et familiale, Becky a combiné ses connaissances de l'alimentation à la psychologie des émotions. Par son travail, Becky a aidé de nombreuses personnes à trouver la paix, la stabilité et un sens à leur vie. Elle tient un cabinet privé à Laguna Beach, en Californie, où elle aide les gens à aller au-delà de la nourriture, du poids et de l'aspect émotionnel de l'alimentation. Le cheminement spirituel de Becky et son rapport à Dieu lui ont permis d'apprendre qu'avec l'Esprit Saint, tout est possible. Becky partage sa vie avec son mari, Christopher, et leurs trois chats.

Autres titres de Doreen Virtue chez AdA

Cartes

Cartes divinatoires des archanges
Cartes divinatoires des saints et des anges
Cartes oracle des déesses
Cartes divinatoires des maîtres ascensionnés
Cercle messager des anges

Livres

Archanges et maîtres ascensionnés
Les enfants cristal
Les anges terrestres
La purification des chakras
Médecine des anges
Guérir avec l'aide des anges
Les nombres des anges
Visions angéliques tomes 1 et 2
Déesses et anges
La voie des artisans de lumière
Libérez vos kilos de souffrance
Magie divine
Anges 101, Initiation au monde des anges
La thérapie par les anges
Fées 101

CD

Archanges et maîtres ascensionnés
Les anges de la romance
Messages de vos anges
La purification des chakras
Libérez-vous de votre karma
Passages dans vos vies antérieures avec les anges

www.AdA-inc.com
info@AdA-inc.com